Tu vas
RIRE !

Collection animée par Soazig Le Bail,
assistée de Charline Vanderpoorte.


ISBN 978-2-36474-933-7

Illustration de couverture : Lili Scratchy
Maquette : Bärbel Müllbacher

Loi n° 49-956 du 16 juillet 1949 sur les publications destinées à la jeunesse

Collectif

# Tu vas rire !

Nouvelles


Jeanne Benameur
Fabrice Colin
Kéthévane Davrichewy
Hélène Gaudy
Hervé Giraud
Thierry Illouz
Rouja Lazarova
Christophe Léon
Marie Nimier
Mikaël Ollivier



EDITIONS
THIERRY
MAGNIER

# Préface

Trêve de littérature, bas les masques, pas envie de fabriquer une fausse poésie autour du fait que, depuis vingt-cinq ans, les clowns du Rire Médecin offrent des fioles de bonheur aux enfants confrontés à la maladie et murés dans leur chambre d'hôpital.

Quels plus terribles mots accolés ensemble : enfant-maladie... innocence-hôpital... ?
Tous, nous nous arrêtons, pétris de peur et d'impuissance...

Et voilà que ces clowns osent dépasser les limites autorisées, aller à la rencontre du plus fragile, du plus improbable des publics : l'enfant qui souffre et qui a une urgente nécessité, une envie de réapprendre à rire et à redevenir l'enfant qu'il n'a, finalement, jamais cessé d'être. Ces comédiens-clowns ouvrent en grand les portes de l'humour et de l'enchantement au milieu de la nécessaire rigueur médicale. Ils apportent la fantaisie pour alléger la douleur mentale de l'enfant, des plaisanteries pour lui dire que la vie ne fait pas que des mauvaises blagues, de la musique pour rêver et s'évader, et des couleurs pour lui rappeler qu'il y a des fleurs et des choses gaies au-delà de ces quatre murs blancs.

Quel courage, quelle générosité, quel professionnalisme il leur faut à ces clowns !
Merci pour ces enfants et aussi pour nous qui en serions incapables avec un simple nez rouge, comme un coquelicot au milieu de la figure, comme une cerise sur le gâteau !

C'est pour toute cette bienveillance que je suis heureuse d'être la marraine du Rire Médecin ! Et encore plus fière que, pour les 25 ans de l'association, le livre de nouvelles que vous vous apprêtez à lire, voie le jour.
Merci aux généreuses et talentueuses plumes, sans lesquelles *Tu vas rire !* n'existerait pas.

On l'a assez dit, le métier de clown est une affaire sérieuse. Sa réalité aussi.
Qu'ils gravitent tout près de la mission hors du commun du Rire Médecin ou voyagent dans des fictions qui s'en éloignent, les dix auteurs de ces nouvelles ont en commun d'avoir saisi la singularité de l'expérience de l'hôpital pédiatrique et de s'en être emparés avec justesse. Sans afféterie ni coquetterie, en mettant leurs lecteurs face à l'absurdité totale de la maladie

d'un enfant, ils rendent ici un vibrant hommage à l'impérieuse nécessité d'introduire dans nos vies la bouffonnerie et l'impertinence. Celles-là même que les clowns portent en étendard sur leur magnifique appendice !

Laissez-vous transporter par l'univers du Grouk qui s'invite dans la vie de Thomas, par la cité imaginaire de Syrius et par le secret de Cécile ; entrez dans la peau de Jules, le nouveau-né façon Audiard et admirez Francine et sa belle âme ; lovez-vous dans la chambre de Lola ; découvrez les péripéties d'Auguste ; savourez la romance entre Max et Marie ; poursuivez en étant le témoin privilégié du hold-up de Gros couillu et de sa copine, petite fille stupide, et enfin, capitulez comme Coralie, soulagée d'éclater enfin de rire.

Anny Duperey
Comédienne, écrivaine
et marraine du Rire Médecin

# Un jour comme ça

Jeanne Benameur

Francine arrive devant l'hôpital, elle entre dans le parking réservé au personnel soignant. Pas une place de libre ! c'est toujours pareil, depuis le temps elle le sait, si on n'arrive pas à l'avance, on ne se gare pas ! mais oui elle le sait ! et arriver à l'avance, ce matin, ça aurait été trop lui demander. Il y a des matins comme ça.

Elle se gare trois rues plus loin. Elle marmonne des choses peu amènes contre les voitures, les gens qui se garent sur le parking réservé alors qu'ils ne sont pas personnel soignant… Bon, heureusement que nous ne sommes pas dans l'habitacle de sa voiture… Il n'y a que quand elle pense aux enfants qu'elle se calme. Les enfants, c'est sacré. Et dès qu'elle entre à l'hôpital, elle a retrouvé le visage tranquille que tout le monde lui connaît. Mais derrière son front, derrière les rides qui lui froncent un peu les sourcils, ça martèle. Les enfants malades, ça fait combien de temps qu'elle les soigne ? Vingt ans, vingt-cinq ?

Allez quand on aime on ne compte pas et... elle aime ! Elle aime tellement qu'elle n'a jamais su faire passer son métier en second et qu'aucun homme n'y a résisté. Le dernier en date lui a dit que vraiment c'était trop lourd. Lourd ? Lourd mais pour qui ? Lui, il lui racontait des trucs du bureau où il travaillait. Parce qu'il pensait que ce n'était pas lourd, ses histoires de machine à café ? Elle écoutait mais sans doute n'avait-elle pas l'air assez intéressée ? Elle ne « rebondissait » pas, ne posait pas de questions pour lui permettre, stimulé, de continuer. C'est vrai qu'elle était fatiguée. C'est vrai qu'elle ne pouvait pas, elle, lui raconter sa journée. Quand elle avait tenté, au début, elle avait bien vu qu'il essayait de passer à autre chose et puis il lui avait dit « C'est lourd »... Ben oui, c'est lourd mais c'est sa vie !

De toute façon, il n'aurait jamais supporté qu'elle prenne sa mère à la maison, alors il valait mieux qu'il soit parti avant ! Mais quand même ! Après le départ de son mari, il y a douze ans maintenant, ses enfants la tannaient pour qu'elle « refasse sa vie » ! Comme si une vie c'était quelque chose qu'on pouvait faire, défaire, refaire ! Mais une vie, ça s'échappe de tous les côtés, c'est mal bordé une vie, ça bouge dans un sens dans un autre... et puis voilà ! on est comme on est et on a la vie qui va avec. Point barre. C'est généralement comme ça qu'elle clôt ses monologues intérieurs. Une vieille maxime de sa mère qu'elle se ressort quand plus rien ne va. Et ce matin, il y a comme une alerte dans l'air... ça ne va pas.

Sa mère, elle ne la reconnaît plus par moments. Elle la confond avec sa sœur qui habite si loin, qui fait ce qu'elle peut mais qui ne peut pas grand-chose depuis New Delhi ! Une dans une ONG et l'autre à l'hôpital des enfants malades ! Ah elle avait engendré des dévouées, sa mère ! Mais avec l'âge, elle oubliait peu à peu sa fierté d'avoir des filles si combatives, de « belles âmes » comme elle disait.

Aujourd'hui Francine en a marre d'être une belle âme, d'être dévouée. Elle voudrait juste ne penser à rien, n'avoir rien à faire, passer la journée à flâner dans les boutiques ou vautrée avec un bon roman... mais elle ne sait pas... S'arrêter, prendre le temps, elle ne sait pas.

Et comment faire avec les enfants dans la journée et sa mère quand elle rentre ? Sa mère qui ne peut plus rester toute seule. Elle libère la dame qui lui tient compagnie dès qu'elle arrive après les rituelles questions Est ce qu'elle a bien mangé ? etc.

Ce matin, il lui semble qu'il n'y a pas de quoi faire une vie avec tout ça... Aujourd'hui tout lui paraît terriblement fade. Il y a des jours comme ça et ils reviennent de plus en plus souvent, les jours comme ça.

Francine soupire. Mais dès qu'elle a passé la porte du service, elle est surprise par une effervescence inhabituelle, du monde dans le couloir. Des gens souriants, un petit groupe. Sa collègue Virginie discute de façon animée avec un grand gars dégingandé et une petite femme boulotte qui l'accompagne. Au passage Virginie la hèle Eh Francine, c'est les clowns aujourd'hui !

Ah oui les clowns, elle avait oublié. Pourtant ils avaient eu une réunion sur les fameux clowns et leur venue à l'hôpital. Un vrai choix puisqu'il y a si peu d'argent pour tout cela ! De moins en moins d'argent. Comme si ce n'était pas important, l'hôpital et le confort de ceux qui souffrent ! Elle se rappelle qu'elle s'était dit que ça serait intéressant de voir ce que ça apporterait, la venue des clowns. Mais elle est tellement prise par ce qu'elle vit, elle, qu'elle avait oublié. C'est aujourd'hui. L'espace de quelques minutes, elle s'en veut ! mais quoi, la « dévouée » la « belle âme » n'est pas parfaite ! Elle a le droit d'oublier, elle aussi !

Elle s'avance, tend la main, sourit. La petite femme a un regard pénétrant. Quant à l'homme il culmine à presque deux mètres et elle a du mal à capter son regard. Sa voix, par contre, chaude, agréable, ça, elle aime. Et elle sait que les enfants sont sensibles aux voix. Alors déjà c'est un bon point ! Ils doivent intervenir dans son service.

Elle les accompagne pour prendre un café, se familiariser un peu avec les lieux. Le « grand homme » avoue que c'est la première fois qu'il vient voir des enfants et qu'il a un peu – beaucoup – le trac. La petite femme boulotte, elle, ne dit pas grand-chose. Quelque chose dans son attitude fait sentir à Francine qu'il vaut mieux ne pas trop s'aventurer à lui poser de questions. Les capteurs de Francine sont ouverts. Quand il s'agit d'approcher « ses petits » elle est aux aguets. Il faut que tout se passe le mieux possible. Et c'est à elle d'y veiller. Elle leur parle des parents, elle parle de la mort aussi puisque certains enfants dans son service n'y échapperont pas. L'homme soupire mais il a le bon goût de ne pas poser la sempiternelle question Mais comment faites-vous pour supporter ? etc. Aujourd'hui elle aurait bien du mal à répondre. La petite femme ne dit rien. Elle se passe la main dans le cou, derrière la nuque et Francine pense Il y a du poids sur cette nuque…

Ils boivent leur café. L'homme a sorti son nez de clown. Il ne le met pas. Soudain Francine les trouve tristes, ces deux clowns… C'est à elle d'entrer en piste ! sans rire, sans sourire, elle prend le nez rouge, rond comme une petite balle, et le pose sur son nez. Comme ça ? Le grand homme sourit Presque mais là vous allez le perdre, il faut pincer un peu plus le nez avec pour que ça tienne. La petite femme ajoute Il ne faut plus y penser une fois qu'il est en place et c'est comme ça que ça marche le mieux. Et l'homme d'ajouter Il ne faut même plus penser qu'on est un clown, juste se laisser aller… Francine lâche Se laisser aller… rien que ça ! C'est sorti tout seul et quelque chose est suspendu dans l'air. La petite femme reprend les trois derniers mots en les détachant nettement comme si elle faisait un cours Rien Que Ça ! et l'effet est irrésistible. Ça y est. Francine rit vraiment. Pour la première fois de la journée. Et elle se sent soulagée. Elle se rend compte qu'elle a eu peur de leur avoir filé sa déprime du jour. Peur d'être contagieuse. Mais non, c'est eux qui sont contagieux !

On y va ?

Allez, on y va ! fait l'homme. On ne sait pas où mais on y va, hein ?

C'est ça. C'est comme ça tous les jours ici.

Elle s'est levée. Les deux autres aussi. La petite femme a encore passé sa main sur sa nuque, rapidement. Et les voilà tous les trois dans le couloir.

Maintenant ils sont dans la chambre d'Estelle. Estelle ne rate pas un mot pas une mimique. Elle sourit. Elle rit de son rire rauque, les poumons toujours pris dans leur carcan. Puis elle respire doucement. Francine voit la fatigue. Elle se tourne vers les deux clowns pour leur faire un petit signe mais ils ont déjà perçu, eux aussi, la fatigue de la fillette. Ils sont en train de faire une sortie style comédie musicale américaine. Même Francine ne peut s'empêcher de sourire devant leur drôle d'attelage. Ils jouent merveilleusement bien des contraires de leurs corps. Ils sont à la porte et se retournent pour saluer de la main quand Estelle, dans un bel effort, se met à applaudir. Elle a du mal à soulever les bras, claquer les paumes l'une contre l'autre mais elle le fait et avec un entrain dans le regard que la lenteur et la maladresse des gestes ne dément pas.

Francine en est toute bousculée. Et ravie.

Et toute la journée, elle les suit de chambre en chambre. Le petit Arnaud s'est endormi et l'homme lui a chanté une très douce berceuse, reprise en canon par la voix plus grave de la femme.

Mais vous savez tout faire, tous les deux !

La petite femme lui sourit On a nos petits talents cachés... ! Et lui, ajoute C'est Myriam qui m'a décoincé. Je vous assure qu'il y a quelques mois je n'osais pas faire grand-chose.

Alors à la pause, devant un café, c'est Francine qui les questionne Qu'est-ce qui fait qu'on devient clown pour les enfants à l'hôpital ? L'homme, Pierre, parle de l'école où il a toujours cherché à faire rire, avec son grand corps. Une façon de faire passer sa « démesure », comme il dit. Après, il y a eu ce qu'il appelle une autre vie, des responsabilités de cadre, la vie de bureau. Mais toujours, ce désir enfoui... Alors un jour, il avait quelques sous de côté, il suivait depuis des mois une formation organisée par une association et il s'est lancé. Maintenant il a attrapé le virus ! Myriam grignote un biscuit en écoutant Pierre mais ne prend pas la suite quand il se tait. Elle regarde par la fenêtre. Elle est ailleurs, ne remarque pas que les deux autres la regardent, elle, attendent... Elle s'est levée et demande si elle peut aller faire un tour dans le parc, seule, avant de continuer.

Quand elle quitte la caféteria, Pierre murmure à Francine. Myriam, elle est formidable ! On sent qu'il l'admire sincèrement. Francine attend la suite… Mais rien ne vient.

Elle suit des yeux la petite silhouette qui marche entre les arbres. Elle a flairé le poids des « jours comme ça » aussi dans la vie de cette femme. Elle la voit s'asseoir sur un banc, reposer sa nuque sur le dossier et contempler le ciel. Voilà une chose qu'elle, elle ne fait jamais ! Elle quitte la fenêtre, comme si elle espionnait quelque chose d'intime.

Un visage tourné vers le ciel, c'est toujours un visage qui s'offre à autre chose qu'au regard. C'est comme quand on regarde la mer. Le visage de Myriam l'a ramenée à l'océan. Depuis combien de temps n'a-t-elle plus mis les pieds sur une plage ? Depuis combien de temps ne s'est-elle pas offert de regarder l'horizon, vraiment, longtemps, sans rien attendre d'autre ?

Quand Myriam remonte, elle a un beau sourire et Francine ne se force pas pour lui offrir le sien en retour. Flanquée des deux clowns, elle poursuit les visites et partage leurs rires avec les enfants.

Ce soir-là, quand elle remonte dans sa voiture, elle a les épaules plus légères. Quelque chose de l'océan de son enfance est revenu et elle respire plus librement. Elle va y aller, sur sa petite plage, celle qu'elle a toujours au fond du cœur. Elle ne sait pas encore comment elle va se débrouiller pour faire garder sa mère, prendre deux ou trois jours, mais elle veut se réveiller à nouveau avec le vent tout proche et ramasser des petits cailloux, des coquillages, des morceaux de verre poli. Et puis juste s'asseoir et regarder l'horizon. Elle glissera dans sa poche un ou deux trésors de sa « cueillette » sur la plage. Elle les touchera du bout des doigts pour conjurer les jours « comme ça ».

De Myriam, elle ne saura rien de plus. Elle ne la reverra sans doute jamais mais elle garde le visage levé, le corps en harmonie comique avec celui de Pierre, les rires. En partant, Myriam lui a glissé dans la main son nez de clown. Alors d'un geste, elle le pose comme ils le lui ont appris et... roule ma poule ! elle sourit à la tête qu'elle a dans le rétroviseur !

# Toi d'abord

Fabrice Colin

Un matin, sans prévenir, le Grouk s'invita dans la vie de Thomas. Profitant de l'absence des parents – c'était un mercredi –, il frappa à sa porte. Le garçon, qui n'avait aucune raison de se méfier, le regarda entrer sans s'essuyer les pieds.

– Et donc, vous ne vous présentez pas ?

Le Grouk ôta son lourd manteau de fourrure et son chapeau melon.

– Ah oui. Merde. Euh, désolé. (Il lui tendit une grande main osseuse). Enchanté, sincèrement. Je suis le Grouk.

– Je sais, lâcha Thomas sans lui serrer la main.

Le Grouk laissa choir son manteau sur le parquet et gagna aussitôt la cuisine, direction le placard à gâteaux. Il attrapa le premier paquet qui se présentait et, paupières mi-closes, enfourna la totalité des biscuits au chocolat. Thomas ne put s'empêcher de remarquer ses dents exceptionnellement blanches : il en possédait trois rangées.

– On est censé demander avant de se servir.

– Oui, fit le Grouk, qui se caressait le ventre avec satisfaction, j'ai entendu dire ça. Bon, tu me montres ta chambre ?

Déjà, le monstre grimpait à l'étage, faisant grincer à chaque enjambée les marches du vieil escalier ciré. Quand Thomas entra dans sa chambre, le Grouk s'était assis en tailleur sur son lit et avait ouvert un livre.

– Il est à l'envers.

– Mm ?

– Le livre que tu lis : ce n'est pas comme ça qu'on doit le tenir.

Le Grouk hocha la tête d'un air concerné mais ne remit pas l'ouvrage à l'endroit. Thomas se laissa tomber sur le fauteuil de son bureau.

– Qu'est-ce que tu veux, au juste ?

– Être ton ami, répondit le Grouk en tournant une page.

– J'ai déjà des amis.

– Mais pas des comme moi.

– Qu'est-ce que tu as de si spécial ?

– Qu'est-ce que tu as de si spécial ? répéta le Grouk, feuilletant le livre de plus en plus vite.

– Tu ne peux pas rester ici.

– Non ?

– Mes parents ne seront pas d'accord.

– Depuis quand on demande l'avis de ces gens-là ?

Thomas haussa un sourcil.

– Ils sont où, tes parents à toi ?

– Pff.

– Et le reste de ta famille ?

Le Grouk envoya le livre valser dans un coin de la pièce et saisit les mains de Thomas dans les siennes. Ses paumes et ses longs doigts étaient glacés.

– Qu'est-ce qu'il y a ? demanda-t-il au garçon.

– Ton visage.

– Eh bien ?

– Tu pourrais arrêter de sourire comme ça ? C'est trop bizarre.

Le Grouk transforma son sourire en grimace ; ce n'était pas vraiment mieux.

– Je vais te faire une confidence, Thomas. Il y a un moment que je t'observe. Crois-moi, j'ai eu le temps de réfléchir, de peser abondamment le pour et le contre. Sais-tu pourquoi je suis ici ?

L'intéressé secoua la tête.

– Parce que tu es un être exceptionnel, voilà pourquoi. Qui mérite d'être aimé. Choyé. Dorloté, câliné, bichonné, cajolé…

– D'accord, d'accord, marmonna Thomas en essayant – sans succès – de retirer ses mains. J'ai compris.

– Tu n'as rien compris du tout, répliqua le Grouk. Je suis seul. Je n'ai que toi. Si tu me rejettes, qu'est-ce qui me restera ?

Thomas tira plus fort et parvint cette fois à libérer ses mains. Il se leva. Il éprouvait un égal mélange de colère, de pitié et d'inquiétude, mais il ne savait pas très bien quel sentiment s'adressait à qui.

– Tout ce que j'espère, poursuivit le Grouk, c'est… (Il baissa la tête d'un air malheureux.) profiter de ta présence ? La savourer ? (Il releva la tête, les yeux pleins d'espoir.) Je veux juste être à ton côté, Thomas. Juste qu'on ne se quitte plus.

– Mes parents vont te mettre dehors.

– Que tu dis.

– Je n'ai pas le droit d'inviter des amis à la maison sans leur demander la permission.

– Tu ne m'as pas invité. C'est *moi* qui suis venu.

– Ils vont te mettre dehors quand même.

– Ils ne pourront pas.

– Pourquoi ?

Le Grouk s'étira et alla se poster à la fenêtre. Bacon, l'épagneul de la famille, sautillait comme un petit fou devant la balançoire du jardin.

– Parce que je pèse deux tonnes ? hasarda le Grouk. Parce que je suis invisible ? Parce que je crache des flammes, que je vomis de l'acide ? (Ses griffes brillaient dans la semi-pénombre.) Parce que je suis à toi, Thomas. Parce que tu es à moi.

– Mais je ne t'ai rien demandé.

– En es-tu certain ?

La question désarçonna quelque peu le garçon. Le Grouk partit vers les toilettes. Il lui emboîta le pas.

- Hé ! Tu ne peux pas te promener partout comme ça !

Ignorant ses protestations, le Grouk considérait à présent la cuvette comme s'il s'agissait de la clé d'une énigme. Peu à peu, son sourire s'élargit.

- Mon endroit préféré.

- J'ai compris, répliqua Thomas : en fait, je suis fou, et tu es le reflet de ma folie.

Le Grouk ébouriffa sa tignasse.

- Brave petit.

Ce soir-là, à la table du dîner, Thomas se garda bien de raconter quoi que ce soit à ses parents. Le Grouk, qui lisait des BD à l'envers au pied de son lit, n'avait pas jugé utile de descendre se présenter.

Quand la mère de Thomas lui demanda s'il avait passé une bonne journée, Thomas mit un peu trop de temps à répondre. Il ne savait que penser. Le Grouk était un ami déroutant, mais il ne faisait rien de mal. Il avait passé l'essentiel de la journée à lui souffler des compliments à l'oreille. « Tu es courageux, Thomas. Beau, fort, intelligent... Et tellement courageux, aussi. Je te l'ai déjà dit ? »

À plusieurs reprises, par ailleurs, il avait émis des réflexions étonnamment perspicaces à son sujet, évoquant des épisodes dont le garçon lui-même se souvenait à peine, des détails anciens et pourtant essentiels, comme arrachés à la boue blanche du passé. La fois où, pour le mariage de son oncle, le coiffeur lui avait fait cette coupe de cheveux atrocement ringarde. La fois où, deux semaines après la mort de son hamster, il était allé déterrer son petit corps pourrissant sous l'érable du jardin. Ce que lui inspirait le sourire d'Eva, 6e B, et ce que lui inspirait le fait qu'elle ne lui sourie jamais *à lui*.

Cette nuit-là, Thomas eut du mal à trouver le sommeil. À plusieurs reprises, il se réveilla en sursaut, tremblant et en nage. Enroulé dans son manteau de fourrure, le Grouk ronflait au pied de son lit. Un sourire radieux flottait sur son visage.

Le lendemain matin, Thomas, qui partait au collège, eut la grande surprise de voir le Grouk lui emboîter le pas. Agacé, il se retourna d'un bloc.

– Tu vas me coller encore longtemps ?

Le Grouk souriait.

– Je veux vivre ta vie.

– Pourquoi ?

– Je veux t'apprendre comme un poème et te connaître par cœur.

– *Pourquoi ?*

– Comme si tu ne le savais pas.

Le Grouk partit s'installer au fond de la classe. Assis contre le radiateur, il passait le plus clair de son temps à se curer les griffes, pourtant parfaitement propres.

De toute évidence, les cours l'ennuyaient – à l'exception des mathématiques.

Le soir venu, tandis que le garçon rentrait chez lui en compagnie de deux camarades de classe, le Grouk entreprit de le suivre sur le trottoir d'en face. De temps à autre, il lui adressait un signe joyeux de la main. Thomas s'efforça de l'ignorer. Sans doute, c'était la meilleure chose à faire. Nier le Grouk. Prétendre qu'il n'existait pas. Peut-être finirait-il par se lasser et partir.

Ce ne fut pas le cas. Le Grouk acceptait sa mise à l'écart avec philosophie. S'il avait posé un certain nombre de questions au début, il se tenait à présent tranquille, assis dans un coin de la chambre, à lire des manuels de sciences à l'envers. Parfois aussi, Thomas le trouvait debout devant la fenêtre de sa chambre.

– Arrête de regarder mon chien, s'il te plaît.

Tel un passant interpellé par erreur, le Grouk leva les mains.

– Je ne pensais pas à mal.

Dans le jardin, Bacon batifolait innocemment le long du massif de gardénias.

Ignorer le Grouk. Lui tourner le dos. Ne jamais lui souhaiter bonne nuit. Fermer la porte sur son sourire.

Mais ça ne fonctionnait pas.

Un soir, Thomas décida de parler de lui à ses parents, sans le nommer précisément. Il se sentait fatigué, expliqua-t-il, stressé, il dormait mal, il avait mal aux articulations, il avait besoin d'aide.

Le père et la mère se montrèrent étonnés. Inquiets ? Assis dans un coin de la salle à manger, le Grouk tournait les pages d'une encyclopédie médicale tenue à l'envers : il ne s'intéressait pas du tout à ce qui se racontait.

Le lendemain, les parents de Thomas l'emmenèrent voir M. Voisin, le médecin de famille. Le Grouk décida de venir aussi.

M. Voisin demanda à Thomas d'ôter son t-shirt et l'ausculta sous toutes les coutures. Quand il lui palpa les aisselles, une ride de contrariété parut sur son front.

– Nous y voilà, fit le Grouk.

Thomas lui décocha un regard assassin. Le docteur lui dit de se rhabiller et l'accompagna en salle d'attente, où ses parents patientaient.

– Une prise de sang ? s'exclama le père. Pour quoi faire ? Qu'est-ce que vous soupçonnez, au juste ?

Le médecin répondit quelque chose, mais Thomas n'entendit pas ce qu'il racontait. Le Grouk avait plaqué ses mains glacées sur ses oreilles et sur ses yeux. (Combien de mains avait-il ? Il en avait même refermé une cinquième sur son cœur.)

Le Dr Voisin adressa Thomas à un autre spécialiste, qui envoya à son tour Thomas à l'hôpital afin que soient pratiqués des « examens plus approfondis ». Il y eut une aiguille enfoncée, des sites consultés, il y eut des fronts plissés, des coups de fil pressants, des mines déconfites et des regards du genre : « Oh mon Dieu non faites que ce ne soit pas ça. »

On demanda à Thomas de s'allonger sur une table. « Ne bouge pas, mon grand. » La table coulissa dans un tunnel de science-fiction métallique. Le Grouk, occupé à compulser une revue de jardinage, redressa soudain la tête : la jeune praticienne qui surveillait les écrans de contrôle venait de tourner la tête droit dans sa direction, et ses yeux jetaient des éclairs de mépris.

– Espèce d'enfoiré.

Évidemment, personne ne pouvait l'entendre : personne à part le Grouk. Il posa un doigt sur sa poitrine avec un air de complète incompréhension.

– Moi ?

– Un enfant de onze ans. Tu devrais avoir honte.

Le Grouk déchira sa revue de jardinage d'un coup de dents et quitta la pièce en mâchonnant une page de publicité pour désherbant. Sa tête était devenue toute rouge.

Thomas, qui sentait bien qu'il se passait quelque chose d'anormal, se tortilla dès que la table sortit de son tunnel.

– Madame ?

Les yeux rivés sur son écran, la jeune femme secoua nerveusement la tête.

– Du calme, mon grand. Je te dirai quand te relever.

Le soir même, dans le bureau du chef du service pédiatrique de l'hôpital, un monsieur à petite barbiche blanche expliqua à Thomas et à ses parents de quoi il retournait. Son discours était plein de mots compliqués et angoissants mais, bizarrement, il ne fit pas mention une seule fois du Grouk (lequel, à cette heure, n'avait toujours pas réapparu).

La situation était préoccupante. La mère posait des questions en rafales, le père regardait ailleurs en se tordant les mains. Coincé entre les deux, Thomas essayait de comprendre. Il allait rester à l'hôpital : voilà ce qu'on finit par lui annoncer. Il allait subir un traitement long et laborieux. « C'est la meilleure option thérapeutique, déclara monsieur barbiche. Mais il va surmonter tout ça. Parce que c'est un champion. Pas vrai, champion ? »

Thomas se força à sourire.

Six jours plus tard, allongé dans sa chambre d'hôpital, il vit la porte de sa chambre s'ouvrir doucement. La tête hirsute du Grouk apparut dans l'entrebâillement. Le monstre s'avança à pas feutrés, son chapeau melon à la main ; il avait l'air particulièrement affecté. Assis au chevet de Thomas, il resta un long moment sans prononcer un mot. Enfin, il lâcha un soupir à fendre une muraille.

– C'est une attaque en règle.

– Quoi ?

– Ce qui se passe. Ce que complotent les autres. Tu le sais. Et *je* le sais.

Thomas jeta un œil à la fenêtre (un carré de ciel gris). Une perfusion était plantée dans son bras et un liquide épais s'écoulait au compte-goutte. Entre deux doigts, le Grouk suivait le trajet du tube translucide.

– Ils t'injectent les pires saloperies, lâcha-t-il d'une voix blanche. Ils t'empoisonnent. Comme s'ils vaporisaient du désherbant sur une prairie en fleurs. Tu vois ce que je veux dire ?

– Non.

– Tu n'aimes pas les fleurs ?

Thomas réfléchit.

– Ça dépend lesquelles.

Les yeux du Grouk s'agrandirent. Ils ne fixaient rien en particulier.

– Me tuer. Voilà leur grande idée. Me faire crever à petit feu. Une lente torture minutieuse. Oh, c'est génial. Ils n'aiment pas la vie. La prolifération. Ils détestent les monstres dans mon genre – les poils, les griffes, tout ce qui sort de l'ordinaire. Et, dans la mesure où je dépends *entièrement* de toi et de ton amour, ils vont essayer de te faire le plus mal possible pour que je meure de chagrin.

– N'importe quoi, fit Thomas.

– C'est pourtant ainsi.

Les semaines suivantes se révélèrent éprouvantes. Thomas ne pouvait plus rentrer chez lui. Ne pouvait plus voir ses amis. Était condamné à attendre. À supporter la peur des autres, comme si elle avait pu retrancher quelque chose à la sienne. Affronter l'ennui, affronter le temps. Autour de lui, les questions voletaient, pareilles à des plumes, comme si quelqu'un avait éventré un oreiller à coups de griffes.

Et le Grouk avait des serres. Et le Grouk grimaçait et parlait en latin et pleurait à chaudes larmes et murmurait des prières sans queue ni tête et refusait obstinément de quitter les lieux. « Oh, je me sens mal, gémissait-il. Ta souffrance, ma souffrance, ô toi Dieu des cellules et des âmes et des os et des larmes, pourquoi m'infliger cette épreuve ? »

Et ça n'avait rien de drôle de passer ses journées allongé ainsi, à l'écouter geindre dans cette grande chambre toute blanche et trop propre. Et ça n'avait rien de marrant de se sentir plus épuisé qu'un type qui aurait fait dix allers-retours Paris-Sydney en dix jours en ne mangeant que des soupes sans sel. Et ça n'avait rien de spécialement hilarant de dégueuler encore et encore au-dessus de la cuvette des toilettes tandis qu'une infirmière regardait un match de tennis assise sur votre lit en attendant que votre estomac veuille bien se calmer. Et ce n'était pas hyper tordant de devoir consoler les gens qui étaient tristes et effrayés et totalement perdus à cause de ce qui vous arrivait.

Le Grouk s'accrochait. Ses jérémiades peuplaient de doutes le temple silencieux de la lutte. Avachi dans le fauteuil réservé aux visiteurs, ses longs bras interminables fins pendant au sol, déroulés jusqu'à la porte, il se lamentait, suffoquant, éructant au fond de la cabine de douche, ou bien restait allongé à même le lino, hilare, ses squelettiques mains froides croisées sur son visage comme s'il ne pouvait plus regarder la réalité en face, marmonnant des trucs tels que : « Je souffre, je souffre, pourquoi nous laisses-tu souffrir comme ça » ou « De toute façon tu crèveras avant moi, sale petite merde inconséquente » ou « Tu veux savoir la vérité nue crue drue sur mon sourire ? » ou « Demande-moi de partir et j'irai aimer quelqu'un d'autre, ton chien, ta mère, n'importe qui, et tu ne me verras plus jamais et tu comprendras enfin ce que le mot solitude signifie » ou « Personne ne t'aime comme je t'aime, est-ce que tu trouves ça très glorieux de tuer quelqu'un pour vivre ? »

Et sa voix autrefois caverneuse s'amenuisait désormais tel un ruisseau égaré dans le désert, et ses plaintes absurdes prenaient les rêves de Thomas par la main et les emmenaient danser des valses de douleur sous des vomissures d'étoiles – et il fallait passer d'autres examens incompréhensibles, regarder votre père sangloter sans un bruit, attendre l'aube comme si elle devait ne plus jamais venir, et subir les supplications de ce gros sac mollardeux et tressautant recroquevillé dans un coin de la chambre, et si vous aviez déjà vu un truc aussi triste que le regard du Grouk quand l'infirmière piquait le bras de Thomas pour faire couler le liquide de la perfusion dans ses veines, alors sans rire, vous auriez pu décrocher les yeux fermés un vingt sur vingt à une rédac sur le thème de l'enfer.

Au bout de six mois, le Grouk avait tant pleuré que ses yeux étaient comme deux stèles égyptiennes desséchées dont on aurait effacé tous les hiéroglyphes. Et ses mains étaient devenues si froides qu'il ne pouvait même plus se toucher lui-même au risque, par imprégnation, de se transformer en un monolithe de glace. Et quand il essayait de parler et qu'un moineau chantait dehors en même temps, le moineau faisait dix fois plus de bruit que lui, et ses poings serrés étaient aussi durs que des blocs de guimauve.

Il y eut de nouveaux examens, des piqûres pour quoi faire ?, un énième voyage dans la machine de l'espace.

Le professeur barbiche consultait ses radios d'un air satisfait quand, flanqué de ses parents aux jambes flageolantes, Thomas fit son entrée dans son cabinet.

– Asseyez-vous.

Assis bras croisés sur un coin de son bureau, le Grouk dardait sur le professeur un regard chargé de haine pure.

– Tu ne serais pas le frère caché d'Adolf Hitler ?

Il cracha par terre, et le professeur esquissa un sourire, ce qui le plongea dans une colère plus noire encore.

– J'ai de bonnes nouvelles.

Le Grouk ne quittait pas Thomas des yeux.

– Misérable petit ingrat. Après tout ce que j'ai fait pour toi. Le mal que je *nous* suis donné.

– Vous voyez, ici ? demanda le professeur barbiche en pointant le doigt sur la radio.

– On ne voit rien, répondit la mère d'une voix blanche.

– Exactement ! s'exclama le professeur barbiche. C'est le signe que la tumeur a disparu.

– Prends un dictionnaire, déclara le Grouk. Ouvre-le à la page « amour » et tourne-le à l'envers : c'est là que tu me trouveras.

Thomas le considérait, perplexe.

– Pas la peine de me faire tes grands yeux de chat, sale petit con. Toi et moi, c'est terminé. Finito. Over.

Il saisit une brochure sur le bureau du professeur, *Le Cancer et vous*, et la pressa contre son cœur avec une grimace tragique.

– Thomas, commença son père, une main sur son épaule. Tu es en rémission. Tu comprends ce que ça veut dire ?

Le Grouk sauta de la table, avec l'intention manifeste de quitter la pièce. Au dernier moment cependant, il se tourna sur le seuil.

– Je m'en vais aimer quelqu'un d'autre. Quelqu'un qui aura la délicatesse de mourir. Tu regretteras mes poèmes et mes chansons. Jamais tu n'oublieras la douce étreinte protectrice de mes bras sans fin.

Thomas aurait voulu répondre mais, évidemment, c'était délicat. Ses serres refermées sur le chambranle, le Grouk ne se résolvait pas à partir.

– Tu es une merde de corgi, dit-il. Ton chien est bien un corgi, mm ? Mais je t'adore. Je reviendrai, si tu le veux, si tu crois le vouloir. Il te suffit de m'appeler. Ou de ne pas m'appeler. Ou d'avoir la trouille. Tu as la trouille ? Oh, la vie sera tellement moins intense sans moi ! Par pitié, reprends-moi dans ta poitrine. Trouve-moi une place, même une petite, pour commencer. Est-ce que tu m'oublieras ? Non, non, tu n'es pas si bête.

Il parlait à toute vitesse, de façon extraordinairement embrouillée. Saisi d'une fièvre mauvaise, il se tordait les doigts et s'arrachait des touffes de cheveux par poignées. Le chapeau melon avait disparu.

Thomas se leva et lui tendit la main. Ses parents ne pouvaient pas le voir faire, et le professeur barbiche non plus, tout occupés qu'ils étaient à se féliciter. Mais le Grouk voyait tout, lui. Il considéra l'offrande avec une moue écœurée.

– À quoi tu joues ?

– Je voulais te dire une chose, murmura Thomas.

– Quoi donc ?

– Merci. Merci de m'avoir donné la force de te détester comme ça. Merci de m'avoir donné la force de me libérer de toi.

Le Grouk plissa les yeux.

– Laisse-moi deviner : tu vas m'expliquer que tu vois la vie différemment désormais ? Que tu la trouves encore plus belle ?

Thomas souriait. Son père lui caressa la joue.

– Hé, bonhomme ? Ça va ?

Le Grouk mima le geste d'un type qui se loge une balle dans la bouche. Au moment où il appuyait sur la détente, Thomas se tourna vers son père, ignorant l'éclat très bref de la déflagration ; il souriait toujours.

– Oui.

# Sucré salé

Kéthévane Davrichewy

## Max

La grosse est arrivée plus tard ce matin. Quand elle a ouvert son sac, j'étais déjà posté devant la chambre de la maigre. L'odeur qui s'est immédiatement répandue n'était pas la même. J'en étais sûr. Hier j'ai entendu la cancéreuse lui dire qu'il fallait arrêter les pâtisseries trop sucrées et difficiles à digérer, en plus, elles allaient finir par se faire gauler à cause de l'odeur qui persistait après son départ. J'ai pensé qu'elle était naïve, cela faisait belle lurette que les infirmières et les médecins avaient compris leur manège et qu'ils laissaient faire. Si la petite était condamnée, autant qu'elle s'empiffre des saloperies délicieuses préparées par sa grosse copine, devaient-ils se dire. Délicieuses, je confirme, elles atterrissent à chaque fois dans ma chambre et je m'en empiffre, je n'ai jamais rien mangé d'aussi bon.

Quand elles sont ensemble, elles laissent la porte grande ouverte, pourtant elles semblent verrouillées au reste du monde ces deux-là, elles prêchent à voix basse, parfois elles éclatent de rire et ne jettent jamais un coup d'œil vers le couloir. Si elles le faisaient, elles remarqueraient un jeune mec, à peine plus âgé qu'elles, squelettique et chauve qui les épie. Ce mec, c'est moi, j'ai du mal à m'y faire, difficile de me reconnaître quand je croise mon reflet dans une vitre. Avant, je voyais un colosse, un genre sportif, avec de longs cheveux châtains flottant autour de lui. En y repensant, ce type était tout aussi grotesque que celui que je suis aujourd'hui. Je ne pensais qu'à me muscler, aller en salle, courir, préparer le championnat de judo, une vie saine de jeune homme sain. La maladie n'aurait jamais dû me tomber dessus, chercher l'erreur. Mon psy dit qu'il n'y a rien à comprendre. Mieux vaut me concentrer sur le courage dont j'ai besoin pour affronter ce qui m'arrive. Le médecin dit que le traitement marche, mes cheveux vont repousser et je retrouverai ma forme d'avant. Dans ce cas, pourquoi me garde-t-il ici ? On ne cesse de me répéter que je sors bientôt mais les jours passent et je suis toujours là, un fantôme errant dans les couloirs de l'hôpital, guettant deux filles, sans doute des pétasses, l'une obsédée par la bouffe. Son obsession finit par déteindre sur moi, j'ai faim tout le temps. La petite dit qu'au contraire la chimio lui coupe l'appétit. Elle ne sait pas comment le dire à sa copine qui lui apporte ces gâteaux croyant lui faire plaisir. C'est comme ça qu'elle a commencé à me les refiler en douce à peine la grosse avait le dos tourné.

On n'est pas pour autant devenus copains. Un jour, tenant une assiette pleine de pâtisserie, elle m'a heurté dans le couloir. *Ça sent rudement bon*, j'ai dit, *ça nous change des odeurs de pisse ou de chlore*. Elle m'a à peine regardé, mais m'a tendu l'assiette. *Si tu les veux, prends-les. Cool*, j'ai répondu et je suis rentré dans ma chambre. Depuis, dès que sa copine la quitte, je passe prendre le paquet et elle me le donne sans dire un mot. Un jour, j'ai voulu entamer une conversation. *Elle est quand même très douée ton amie, elle fait une formation de pâtisserie ou quoi ?* Comme elle n'a pas répondu, j'ai poursuivi par gêne : *Ça ne te dérange pas qu'elle vienne tous les jours afficher sa bonne santé, ses rondeurs, voire ses kilos ?* Elle m'a fixé comme si j'avais dit une obscénité. *Enfin je veux dire, elle pourrait nous en refiler quelques-uns de ses kilos, on est des morts vivants et elle affiche sa gloutonnerie sous notre nez. Tu ne vois pas qu'elle cherche à te faire manger autant qu...* Je n'ai jamais terminé, le reste de ma phrase s'est emplafonné dans son regard aussi dur qu'un mur de pierre. Depuis, je garde le silence. Là tout de suite, je pourrais l'insulter, pourquoi avoir dit que les pâtisseries étaient mauvaises pour sa santé ? Elle voulait me punir ou quoi ? C'est réussi. La grosse a préparé une sorte de salade chinoise. Je les laisse bavarder. Pas sûr que je viendrai chercher le plat plus tard.

## Marie

J'ai tenté le sucré salé, il paraît que c'est bon, Léa a sans doute raison, ce n'était pas très raisonnable d'apporter des gâteaux à l'hôpital et en même temps, tout est tellement triste là-bas, il faut voir les plateaux-repas quand ils arrivent, c'est moche, ça pue le vomi et c'est dégueu, ils pourraient faire un effort. Ça me fait plaisir de cuisiner pour Léa, je l'aime tant. Même sans ses cheveux, je trouve qu'elle est belle, ses yeux sont immenses et gris, elle est gracieuse, tout est fin et raffiné chez elle. Elle a toujours été dans ma vie, elle est la seule qui ne se moque pas de moi, elle ne trouve pas hilarant et pathétique qu'une grosse se passionne pour la pâtisserie. Je viens tous les jours, j'essaye de la distraire, je lui raconte ce qui se passe au lycée, les ragots les plus trash. Je voudrais faire plus, trouver quelque chose qui calmerait son angoisse, je vois bien qu'elle a peur. J'ai des remords, au début de sa maladie, quand elle s'est mise à maigrir, j'ai souhaité être à sa place, c'est moi qui avais besoin de perdre du poids. Parfois, je remarque que son regard a changé, il est vide et terrifié et j'ai honte d'avoir eu ces pensées. J'ai honte parce que je viens aussi pour une autre raison. Le garçon de la chambre voisine. Il nous observe derrière la porte, il est beau, chauve lui aussi. J'ai dit à Léa qu'elle était belle sans ses cheveux, elle s'est mise à crier, je me suis mise à pleurer. Je ne vois pas ce qu'il y a de mal à les trouver beaux tous les deux avec leur minceur, leur pâleur, leurs crânes ronds et ovnis. Plus d'artifice. Chez moi, tout est en surplus. Je me maquille trop, mes cheveux sont trop noirs, ma peau trop brune, ma chair trop gonflée. Je crois que le garçon est amoureux de Léa. Ils formeraient un beau couple comme on dit. Il a repéré les pâtisseries. J'aimerais bien qu'il les goûte, mais je n'ose pas lui proposer. J'attends que Léa le fasse mais elle ne le fait jamais. Elle ne semble même pas le remarquer. *Tu as vu le garçon d'à côté ? – Oui pourquoi ? Je me disais qu'il était assez beau. – Ah bon ? Je ne trouve pas, tu es vraiment bizarre parfois Marie. Ce n'est pas dans un hôpital qu'on pécho.* J'ai eu envie de pleurer, je me suis retenue. C'était cruel de sa part, elle sait que je ne pense pas à ça, même si je le voulais, ça ne servirait à rien, aucun garçon ne m'a jamais remarquée et j'ai cessé de vouloir attirer leur attention depuis longtemps. Peut-être que ce garçon aimerait le sucré salé. J'ai préparé une recette thaïlandaise sans l'essayer, j'attends la réaction de Léa. C'est sûrement mieux pour elle qui est bourrée de médicaments. Chez moi, je n'ai pas résisté, j'ai voulu faire quand même un peu de pâtisserie et j'ai grignoté la pâte crue. C'est ce que je préfère, je n'ai pas pu m'arrêter, si bien qu'il n'y avait plus rien à faire cuire. J'ai eu mal au cœur en regardant la télé.

### Max

La petite a commencé à manger la salade chinoise avec réticence, la grosse s'est soudain tournée vers moi et m'a interpellé. *Vous voulez goûter ?* Sa copine lui a jeté un regard trouble. Je suis entré et la grosse m'a tendu une fourchette. Elle nous observait manger, elle semblait attendre qu'on émette une opinion, mais on n'a rien dit et on a fini le plat en silence. C'était vache parce que c'était vraiment succulent. Quand l'infirmière est entrée, on a tous les trois sursauté et on a planqué le saladier. J'ai manqué de m'étouffer. *Max c'est l'heure !* Elle a dit. *OK j'arrive.* Avant de sortir, je me suis tourné vers les deux filles et sur le seuil de la porte, j'ai dit : *C'est ma dernière chimio, ça se fête !* – *OK*, ont-elles répondu. Je ne sais vraiment pas ce qui m'a pris. Qu'est-ce que ça voulait dire : ça se fête ? Je n'allais pas les inviter dans ma chambre et mettre de la musique. On n'allait pas danser, boire et fumer. Elles m'ont regardé en se marrant et je ne pouvais pas leur en vouloir. *Tu veux que je t'accompagne ?* a demandé la grosse. *Mais enfin, tu es folle,* a protesté la petite, *pourquoi il voudrait que tu l'accompagnes ? – Pourquoi pas ?* a répondu l'autre, *je t'accompagne bien toi et tu aimes ça. – Si tu ne vois pas la différence entre moi et lui, il y a un problème. – C'est bon arrêtez de vous engueuler, il n'y a pas de problème,* j'ai crié et je suis sorti de la pièce. Mes mots devaient être à côté de la plaque parce que, quelques minutes plus tard, alors que j'étais confortablement installé dans mon coin en salle de chimio, la grosse est arrivée et s'est assise près de moi sur une chaise beaucoup trop étroite pour son cul. J'étais tellement surpris que je n'ai pas réagi, elle a pris un magazine et s'est mise à le feuilleter, elle avait de belles mains, elle m'a souri avec un air un peu timide, elle avait un beau sourire. En fait, cette fille était grosse mais assez belle, elle a levé le bras pour remettre une mèche de ses cheveux en place, elle avait de beaux cheveux, une belle peau aussi d'ailleurs. *Qu'est-ce que tu fous là ?* je lui ai demandé. *Ben tu as dit… – J'ai dit qu'il n'y avait pas de problème pour que vous arrêtiez de vous engueuler mais ça ne voulait pas dire que je voulais de la compagnie.* Elle a paniqué et s'est levée brusquement en faisant tomber le magazine. *C'est bon, maintenant que tu es là, tu peux rester, si tu arrives à tenir sur la chaise.* J'ai regretté aussitôt. Elle m'a surpris parce qu'elle s'est mise à rire. *Je sais,* elle a dit, *cette chaise est minuscule, ils pourraient prévoir que les accompagnants ne sont pas tous aussi maigres que les malades.* C'était classe, j'ai trouvé ça classe. *Vous vous connaissez depuis longtemps avec Léa ?* Et on a commencé à parler. Elles se connaissaient depuis toujours, elles s'aimaient, elle ne comprenait pas que la maladie tombe sur des gens comme nous, ça aurait dû tomber sur elle, elle était prête pour une vie de galère, de souffrance, elle savait gérer. *Tu es malade de dire des choses pareilles,* je lui ai dit, *en plus, tu n'en penses pas un mot. – Qu'est-ce que tu en sais ?* elle a répondu, et elle m'a regardé droit dans les yeux. J'ai repensé à ce qu'avait dit la petite, elle me trouvait beau dans l'état où j'étais. Elle a continué à parler, je ne sais plus ce qu'elle disait mais je sais qu'elle écoutait quand c'était mon tour et qu'elle m'apportait toute son attention, je n'arrivais pas à détacher mon regard du sien, la séance est passée vite. Je lui ai dit que je sortais dans quelques jours. Ce départ si attendu me semblait soudain une catastrophe, j'avais envie de connaître cette fille, de manger encore ce qu'elle cuisinait. Pourtant, il n'était pas question de le lui dire, pas question non plus de la revoir en dehors de l'hôpital. Cette fille ne pouvait pas être présentée à mes potes. Ils se foutraient d'elle à coup sûr. De sa naïveté, de son look, de ses robes ringardes. Une grosse. C'était affligeant de penser comme ça et pourtant c'est bien ce qui m'a traversé la tête.

**Marie**

Dès l'instant où il est entré dans la chambre, je n'ai plus rien contrôlé, je lui ai proposé de goûter ma salade et les mots ont fusé hors de ma bouche sans que j'aie l'impression de les choisir. Sans doute à cause de Léa. Dès que Max est apparu à la porte, j'ai eu peur qu'elle se moque de moi, qu'elle dise ce que je lui avais confié. Elle est comme ça Léa, spontanée mais parfois gaffeuse, alors j'ai voulu parler avant elle. Ça n'a servi à rien. Elle a lancé : *Bonne nouvelle Max, ma copine te trouve beau, elle a flashé sur toi. Comme quoi, même chauve, on peut faire des ravages !* Il n'a pas réagi, ce qui était pire que tout. Comme si l'information n'était pas digne d'être relevée. Qu'est-ce que je pouvais faire ? Garder les yeux baissés et ne pas relever non plus ?

Ou défendre ma dignité ? J'ai décidé d'être celle qui assume, oui il était beau, et alors ? Ce n'était qu'une simple constatation. Pour qu'il le comprenne, j'ai pris sur moi et je l'ai regardé dans les yeux. Comme je me suis immédiatement sentie rougir, je lui ai offert de l'accompagner à la chimio. Et je l'ai fait. Sans attendre sa réponse. Je l'ai soûlé tout le temps de la séance. Il a bien essayé de me rembarrer au début, puis il a laissé tomber et m'a écoutée, en tout cas il a fait comme si. Ensuite, il s'est mis à promener ses yeux sur moi. Partout sur moi. J'ai croisé mes bras et dissimulé mes mains pour qu'il cesse de les fixer. J'aurais voulu devenir invisible. Jamais encore je ne m'étais sentie aussi imposante. Je ne sais pas combien de temps ce calvaire a duré mais, à un certain moment, j'ai fini par m'habituer à son regard. Plus que ça, j'ai aimé qu'il ne me le retire pas. Je me fichais désormais de savoir l'impression que je lui faisais. Je crois qu'on a eu une vraie discussion, on a même ri. Quand l'infirmière est arrivée pour lui enlever sa perfusion, je n'avais pas vu le temps passer, je suis certaine que lui non plus. Il lui a dit au revoir, l'a embrasée, elle l'a serré dans ses bras et il s'est éloigné d'un pas ferme. Je l'ai suivi. Devant sa chambre, il s'est retourné brusquement vers moi, j'ai dit : *Pardon, je te laisse tranquille, au revoir, je ne sais pas si on se reverra.* Il a murmuré : *Donne-moi ton numéro de téléphone comme ça on pourra se revoir.* Je n'étais pas sûre d'avoir bien entendu. J'ai répété : *Au revoir.* Il m'a rattrapée dans le couloir, *Tu ne me le donnes pas ? Ton numéro ? – Si bien sûr*, j'ai réussi à articuler. Il a écrit mon nom au milieu de ses contacts. Comment savoir s'il le faisait réellement. Le soir venu, je n'ai pas pu m'endormir, je ne pensais qu'à ça, est-ce qu'il avait fait semblant ou non ? J'ai oublié de dîner.

Le lendemain, il a appelé. On a rendez-vous. Pour aller au cinéma. Je l'ai confié à Léa, elle a eu l'air heureuse, vraiment heureuse. *Tu vois, c'est de toi qu'il est amoureux. Je sors dans un mois. Quand je sortirai, tu auras un amoureux !*

# Syrius Palm

Hélène Gaudy

Il m'a dit, je m'appelle Syrius Palm, et j'ai rigolé.

Rapport à Harry Potter, au magicien puissant qui s'appelle Syrius Black. Ça ressemblait trop, c'était pas crédible, j'étais sûr que son nom, il l'avait inventé.

Mais j'ai rigolé jaune, j'ai rigolé gêné. Parce que Syrius, depuis que j'étais arrivé ici, j'en entendais tout le temps parler. Le gars habillé en noir, celui qui ne sort jamais.

Celui qui est là depuis qu'il est né.

Moi, je suis de passage, rien de grave. Bientôt, je retrouverai mes parents, ailleurs que dans cette chambre minus où ils ne savent pas où se mettre, où ils sont trop gentils, trop souriants. Je retrouverai ma maison et toute la vie qu'il y a dedans.

Syrius, c'est ici, sa maison. Alors, qu'il décide de s'appeler Syrius, Mad Max ou Tartampion, c'est son problème, finalement.

C'est au bout du couloir qu'on s'est rencontrés. Devant la baie vitrée qui donne sur les maisons et leurs petits jardins. J'aime bien venir là, et regarder. Derrière la vitre, on voit tout, très précis, le toboggan dans l'herbe, le seau qui traîne, les fenêtres le soir et puis les gens derrière. Quand ils allument la lumière on voit, net, chaque objet. On est tout près et pourtant, on dirait qu'on observe un pays lointain, comme si tout cela avait été filmé et nous était retransmis, en gros plan.

Je pensais à tout ça quand j'ai senti une présence à mes côtés. J'ai cru que c'était mon père, ma mère ou Sonia l'infirmière, celle qui me fait des sourires et me donne du rab de muffin quand il y en a au dessert. J'ai mis du temps à me retourner parce que j'aime bien les faire un peu lanterner, avec leur gentillesse. Je ne leur en veux pas, ils n'y peuvent rien, mais eux, après, ils vont rentrer chez eux, marcher dans la rue, ils vont sentir le vent, le soleil ou la pluie, ils pourront, s'ils veulent, entrer dans un magasin, dans un café, ils pourront faire toutes ces choses de rien qui me manquent alors même s'ils sont gentils, je peux bien les faire un peu attendre.

Mais c'était pas ma mère, ni mon père, et c'était pas Sonia non plus. C'était un grand gars de mon âge ou pas loin, avec un pull noir en grosse maille, le teint foncé, les yeux aussi. C'était Syrius qui m'a souri, mais pas comme les autres, pas tout à fait. Son sourire à lui ne voulait pas dire, on essaie de toutes nos forces d'être avec toi. Il voulait dire, je voudrais bien être ailleurs mais on est ensemble, pas le choix.

– Tu sais où on est ? m'a demandé Syrius Palm.

Là encore, j'ai rigolé. Un peu moins jaune, je me détendais. Mais il a continué à me regarder, comme s'il attendait vraiment une réponse. Il a attendu, attendu, et le silence entre nous grossissait, et je me sentais de plus en plus bête, je commençais vraiment à me demander s'il n'était pas aussi dingue qu'on le disait. J'ai fini par répondre :

– Ben, à l'hôpital.

– Que tu crois, a dit Syrius Palm.

Et devant ma tête mi-figue, mi-raisin, il a ajouté :

– Viens.

On a repris à l'envers le long couloir vert, tourné à droite, pile après le tableau où on voit le large, les bateaux, la mer.

Ensuite, ascenseur, vers le dernier étage.

On m'avait dit, déjà, que Syrius vivait là. Tout au bout du bout de l'immeuble, tout près du ciel. Les gosses qui m'avaient parlé de lui frissonnaient en disant ça.

Tout près du ciel.

Au bout du bout de tous les couloirs, dans l'unité où l'on met ceux qui restent longtemps, ceux qui savent, respect, depuis le temps, comment tout fonctionne ici, ceux qui ont dans les yeux le poids de toutes ces années passées là – ça leur fait une démarche différente, aérienne, comme si la fatigue les rendait transparents, quelque part plus solides mais aussi plus légers. Parmi eux, Syrius Palm siégeait comme un roi, un paria magnifique, tout contre le ciel qu'il voyait de sa fenêtre. Il n'y avait qu'à lever la tête : une vue d'enfer.

Il a ouvert la porte de sa chambre. Je m'attendais à voir un vrai royaume, plein comme un œuf de tout ce qu'il avait dû accumuler pendant tout ce temps, mais je me suis retrouvé dans une chambre vide, une chambre d'hôpital toute bête, exactement comme la mienne : on aurait dit que personne ne l'occupait.

Il m'a fait signe de m'asseoir sur le lit, j'ai obéi. On ne refuse rien à Syrius Palm.

Sa peau brune soudain lumineuse sous l'immense fenêtre, le soleil pile sur son visage.

Il ne s'est pas assis à côté de moi, il s'est mis à fouiller dans un tiroir, à balancer par terre tout un tas de trucs inutiles – papiers de bonbons, mouchoirs – et ça m'a un peu soulagé de voir qu'il laissait, comme tout le monde, des choses derrière lui : j'aurais presque pu croire, un instant, avec la lumière sur sa peau et cette chambre si vide, à un esprit.

Mais non, Syrius Palm mangeait des bonbons et se mouchait comme tout le monde.

Enfin, il a trouvé ce qu'il cherchait.

C'était un plan qu'il s'est mis, soigneusement, à déplier.

Du bout de papier minuscule que ça avait l'air d'être est sortie une longue feuille qui n'en finissait plus de se dérouler.

Fort en pliage, le Syrius Palm.

On aurait dit le plan d'une ville, avec des rues, des pâtés de maisons, des traits dans tous les sens.

– On est là, a dit Syrius, pointant son long doigt sur le plan.

Je ne comprenais rien. Aucune rue, aucun bâtiment ne m'était familier.

Il a commencé à m'expliquer :

– On est là. Je veux dire, dans cette ville. Ce que tu vois, ce n'est pas la réalité.

Je commençais franchement à m'inquiéter.

– C'est le plan de ce qu'il y a derrière. Derrière ce que tu vois.

Devant ma tête ahurie, il a repris :

– Tout ce qu'il y a ici – la peinture verte, le couloir, le tableau, la fenêtre, l'ascenseur, la cafèt'... – tout ça, c'est un décor. Et en dessous, il y a cette ville. Cette ville-là.

J'ai regardé le plan de plus près. Et à force de regarder, les traits sont devenus autre chose que des traits : je commençais à comprendre, je rentrais dans le dessin, je reconnaissais la courbe d'un rond-point, la façade d'un café, les tranchées des boulevards, les rues minuscules et bientôt, les fontaines, les places, les squares.

– Tu vois ça ? a demandé Syrius en montrant le croisement, sur le plan, de deux avenues. C'est l'endroit où le couloir central coupe l'allée du service pédiatrique. Et ce bâtiment, là, il ne te dit rien ?

Effectivement, la forme m'était familière…

– C'est la cafèt' ! s'est exclamé Syrius, triomphant.

Je commençais à comprendre : chaque point de l'hôpital était reproduit sur la carte, différent, métamorphosé. Syrius était peut-être dingue, mais il était sacrément doué. Sa ville reprenait chaque détail du bâtiment et pourtant, c'était bien une ville, incroyable et géante.

– On est là, il a répété, et j'ai compris que son doigt montrait sa chambre, ou plutôt ce qu'était devenu sa chambre dans le monde qu'il avait dessiné.

– C'est un parc, a-t-il continué. Un parc minuscule, mais le plus beau de la ville. Il y a des arbres qu'on ne trouve nulle part ailleurs.

Je venais juste de remarquer sa drôle de façon de parler. Lente, mais avec des accélérations brusques, un accent que je n'arrivais pas à identifier. Je me suis demandé un instant s'il venait d'un autre pays, et tout de suite, je me suis senti bête : Syrius, c'était de là, qu'il venait. De cet endroit précis, de cette chambre. Il n'en était jamais sorti ou si peu. S'il avait un accent, c'était celui des infirmières, des médecins, des rares gamins qui lui parlaient, du silence des couloirs, du bruit des annonces dans les haut-parleurs du hall, de la foule des urgences.

Son accent, c'était le bruit de ces murs. La musique de l'hôpital.

Il m'a dit :

– Tu ne me crois pas, c'est normal.

Et puis, il a replié son plan, me l'a glissé dans la main, et il a ajouté :

– Prends-le.

Le soir, seul dans mon lit, quand les lumières de la ville ont commencé à s'éteindre, moi j'ai allumé la mienne et j'ai déplié le plan.

Je me suis promené dans sa ville.

J'ai lu les noms des rues, des places et des boulevards. J'ai repéré l'emplacement des restaurants, des magasins – il avait tout écrit, ce qu'on voyait, ce qu'on vendait, et puis tracé aussi la courbe d'une rivière que j'ai fini par identifier comme l'énorme couloir sinueux qui partageait l'hôpital en deux hémisphères.

J'ai compris comment faisait Syrius pour vivre là, depuis tant d'années. Il ne vivait pas là, en fait. Il vivait dans cette ville qu'il avait imaginée. À force d'entraînement, j'en étais sûr, il ne voyait plus le couloir vert, les tableaux représentant des fleurs, des bateaux ou la mer, même plus les baies vitrées ni les maisons derrière, non, il voyait cette ville, se baladait dedans, il parvenait à voir, faire apparaître, dans son regard, les cafés illuminés, les places, les soirs à boire un petit verre en terrasse, les boulevards et les phares des voitures allumés, toute la vie de la ville et les gens qui grouillaient, il voyait ça, Syrius, quand il arpentait les couloirs de l'hôpital, c'est pour ça qu'il n'avait pas besoin de parler aux autres, pour ça qu'il les évitait. Et pour ça aussi, peut-être, qu'il avait éprouvé, un instant, le besoin de ne plus être seul dans sa ville imaginaire, le besoin de m'en parler.

Toute la nuit ou presque, j'ai lu le plan de la ville. Je l'ai lu comme un livre qui raconte une histoire. Moi aussi, je me suis promené, j'ai découvert des rues secrètes, des impasses cachées, j'ai cherché à savoir ce que Syrius avait vu, ressenti, pensé, et au matin, je connaissais la ville par cœur et j'avais l'impression, aussi, de mieux le connaître, lui.

De m'être presque, déjà, fait un ami.

On s'est promenés ensemble dans la ville. Au début, c'était un effort d'imaginer les rues à la place des couloirs, et puis c'est devenu comme un réflexe. Le décor de la ville se superposait dans notre tête à celui qu'on avait devant les yeux, il était toujours là et parfois, on y pensait si fort qu'on parvenait à effacer tout à fait celui dans lequel on marchait.

Assis sur le lit de Syrius, on voyait le jardin. On sentait la tiédeur d'un rayon de soleil, l'ombre des feuilles, le vent.

Je me suis demandé s'il savait seulement ce qu'étaient l'odeur de l'herbe, celle des rues tièdes au printemps. S'il pouvait les inventer sans les avoir jamais connues, comment on se fabriquait ces sensations-là, à partir de quoi. Il avait l'air, pourtant, de les savourer mieux que n'importe qui quand, allongé sur son lit dans le jardin imaginé, il ouvrait grand ses narines larges et soupirait de bien-être, à mes côtés.

La ville n'avait qu'un point commun avec l'hôpital: j'avais beau chercher, impossible d'en sortir. Tout autour, des remparts. C'était un monde fermé, un monde en miniature. Alors, on tournait en rond, mais on tournait bien.

J'ai découvert ses blagues, à Syrius, le grand rire qui montait de son ventre et secouait ses épaules. J'ai découvert ses confidences, dont je ne raconterai rien, parce qu'il les a faites à moi seul et que je dois les garder toujours.

J'ai découvert ses moments de faiblesse et la façon qu'il avait de les balayer de la main comme on se protège d'un soleil.

J'ai découvert le courage qu'il avait et pendant ces journées, j'ai pu croire que je le partageais.

Un soir, on est montés tout en haut, au dernier étage. Sur le plan, c'était un grand pont qui surplombait un fleuve. On l'avait tellement en tête, cette ville qui n'existait pas, qu'on aurait cru sentir l'odeur de l'eau, moins salée que la mer, moins acide. Je me suis demandé si lui, qui n'avait jamais mis les pieds sur un rivage, pouvait aussi la deviner.

Syrius était assis en face de moi sur le carrelage qui pour nous était de la pierre, la pierre ancienne des villes qui ont vécu mille vies.

Il savait que je n'allais pas tarder à partir.

Il savait que bientôt, il aurait sa ville pour lui tout seul, de nouveau.

Mais il souriait. Il avait du courage à revendre, Syrius.

Et je continue à croire que, quelque part, il m'en a un peu laissé.

Je l'ai cherché avant de partir mais il n'était pas dans sa chambre. Il devait traîner dans un coin de sa ville. Je ne l'ai pas trouvé.

Je ne lui ai même pas dit au revoir.

Je suis monté dans le taxi, assis entre mes parents, vers ma vie d'avant et aussi celle d'après, celle qui m'attendait.

Ça faisait du bien de sentir l'air du dehors sur mon visage, le roulement de la voiture, les voix, la ville pour de vrai.

Je n'ai pas beaucoup pensé à lui tout de suite. J'étais trop heureux et puis trop excité.

C'est quelques mois plus tard, en rangeant des affaires, que je suis retombé sur le plan que Syrius m'avait laissé

– il ne s'en servait plus, lui, il l'avait bien fixé, imprimé dans la tête, plus besoin de papier.

Le plan était redevenu un plan. Je ne me souvenais plus des rues, des images que nous avions partagées. Mais en regardant bien, en regardant de plus près, j'ai vu quelque chose que je n'avais jamais remarqué.

En bas, à droite : un trou, une porte dérobée. Syrius avait prévu une sortie, une échappée qu'il était le seul à connaître.

Lui qui a beaucoup de patience, il a dû attendre, attendre que ce soit le moment, avant de s'y glisser.

Depuis, j'ai cessé d'imaginer Syrius entre les murs de l'hôpital ou dans sa cité imaginaire. Je me suis dit que, sans doute, il était là, quelque part, dans la vraie ville, peut-être tout près de moi. Que dans cette vie que nous partagions sans doute sans nous croiser, il allait enfin pouvoir se servir, pour de vrai, de sa fabuleuse mémoire, de sa patience, de son courage, de ce que les adultes appellent l'imagination.

J'ai pensé qu'un jour, sûrement, Syrius construirait de vraies maisons, de vrais immeubles, de vraies rues, que moi, je marcherai dedans et qu'on se rencontrerait peut-être, par hasard, devant un musée, une école, un palais qu'il aurait commencé à créer quand il était encore un peu môme, entre les murs de l'hôpital.

Il serait devenu un grand architecte. Et moi, je serais devenu quoi ? Peut-être que j'inventerais des histoires. Peut-être que je les écrirais.

Et on se raconterait nos vies, tout ce qui les a construites, tout ce qu'on en a fait.

Depuis, j'attends. Je regarde la ville, et la vie, autrement. J'observe chaque rue, chaque immeuble, m'attendant à le voir surgir ou à reconnaître, sur une façade, un mur, un bâtiment, quelque chose de son audace, de son regard.

La ville est devenue une question, l'attente d'une rencontre.

Toutes les villes, où qu'il soit.

C'est comme s'il les avait construites exprès pour moi.

# Nino, la vie et moi

Hervé Giraud

Comme d'autres accumulent les timbres ou les papillons, je collectionne les emmerdements. Trente-cinq années d'une ardente moisson me permettent de posséder une collection qui mériterait d'être exposée dans un musée.

J'ai commencé le jour de ma naissance : ma mère, enceinte de huit mois, est montée sur un escabeau pour suspendre une photo du grand-père Auguste. Elle a eu le temps d'accrocher le cadre de travers avant que l'escabeau ne bascule et qu'elle périsse dans sa chute. Ensuite, ils se sont débrouillés pour me faire naître, sous le regard du grand-père, de sa moustache en accroche-cœur et avec un sourire de circonstance, celui de la photo. Comme si ça l'amusait. Comme si ceux qui sont déjà morts riaient de nos galères à venir.

Dans la précipitation et l'émotion adjacentes à ma dégringolade au monde, ils ont trouvé sympa de me donner le prénom de l'aïeul : Auguste. Un prénom de clown.

Les années qui ont suivi m'ont appris que le bonheur n'est que ce court et fragile instant entre deux galères venues d'on ne sait où et qu'aucune frontière ne saurait stopper :

À un an, je me suis fait attaquer par un essaim de guêpes asiatiques, à deux ans par un berger belge atteint de la rage, à trois ans je me suis coincé la main dans un grille-pain de marque chinoise, à quatre les doigts dans une portière de voiture allemande, à cinq le bras dans une bétonnière portugaise, à six ans, je suis tombé d'un tabouret suédois, à sept d'un vélo hollandais, à huit du fameux escabeau de ma mère que l'on avait gardé et dont la nationalité est restée obscure. Il se pourrait qu'il ait été construit sur place, par mon grand-père Auguste justement.

Pas de bol.

Je totalise cent soixante-trois points de suture, huit opérations, autant de cicatrices, quatre broches dont une de trente centimètres, trois comas (plus un éthylique mais ça ne compte pas), un TGV complet de grippes, angines, fièvres inexpliquées, plusieurs élevages internes de staphylocoques dorés et autres bestioles ou tumeurs pas fréquentables.

Toutes ces agressions sur mon corps et dans mon âme m'ont fait le cuir solide. J'ai fini par devenir un collectionneur blasé que rien n'atteint. Au final, ma collection d'emmerdements atteint des dimensions enviables. Aux ruptures sentimentales se sont ajoutés les amendes, rappels d'impôts, pannes de voitures ou sangliers incrustés dans la calandre, les pannes en tout genre de tout ce qui fait du bruit, rages de dents les veilles de week-ends prolongés et grèves-surprises des personnels navigants. Je fais aussi partie de cette grande famille de ceux qui changent de file pour choisir la mauvaise, sur la route, comme au supermarché. Rien ne m'est épargné.

Seul le résultat compte. Ma plus belle pièce, ma déveine de niveau planétaire, c'est celle-ci :

C'était il y a cinq ans. Mes études de médecine récemment achevées (oui, on peut être maladroit et malchanceux mais réussir médecine et même se spécialiser en radiologie), après quinze jours sans catastrophe, je me doutais bien que quelque chose clochait. Ça n'a pas loupé. Je procédais à une endoscopie (une microcaméra montée sur un flexible que l'on fait pénétrer dans le patient) de l'œsophage d'une jeune femme, mère de trois jeunes enfants. Sachant que les conduits communiquent, je lui ai demandé si elle préférait que je fasse pénétrer le dispositif par son nez ou par sa bouche. Elle a choisi le nez, qu'elle avait mutin et rond à la fois : un joli petit nez de clown. Tout en faisant glisser lentement le tuyau dans sa cavité, je me suis concentré sur l'écran. Rien ne ressemblait à ce que je connaissais. Sur le récepteur d'images : que du noir ; j'ai regardé ma jolie patiente : immobile. J'ai cru qu'elle faisait l'andouille. Je lui ai dit : « Vous faites super bien la morte ! » J'ai tapoté l'écran, vérifié les connexions. Le tube avait perforé sa cloison nasale supérieure et l'image sur l'écran, c'était la purée de son cerveau dans laquelle je touillais depuis cinq minutes.

Je n'ai pas exercé une heure de plus. Je n'ai pas exercé depuis. Impossible.

Après une longue période où, écrasé de honte, je suis resté enfermé chez moi à trier mentalement tous les éléments de ma collection, il a fallu que je sorte pour survivre et trouver un autre boulot.

À Pôle emploi, on m'a proposé des missions en rapport avec mon métier, des remplacements de généralistes ou de rejoindre des ONG en Afrique. Je refusais. Pressé par le besoin, j'ai finalement accepté une mission temporaire qui allait me convenir : Faire Mickey chez Mickey dans Mickey. J'allais pouvoir vivre caché, mais continuer à vivre. Je serais moi, sans être moi, comme au théâtre. Mickey ayant la réputation d'être un mec plutôt chanceux, j'escomptais que son habit me protégerait. Après six mois à me faire grimper sur les pieds par des gosses surexcités et poser sur des photos au milieu de familles bien nourries, j'ai rempli d'autres jobs, tout aussi dissimulés :

J'ai fait Bonhomme Cetelem chez Cetelem (la pub, c'est moi) ; Bonhomme vert chez Géant vert ; Père Noël à Intermarché ; Monsieur Poulet chez KFC, et pour finir doublure de Zorro, dans une parodie de Zorro : « Zorro tombe de Tornado ». Ça n'a pas loupé, je me suis cassé la gueule, mais pas au bon moment, en marchant sur ma cape. J'ai bien tenté de me récupérer en me rattrapant au pied de la caméra ; elle est tombée. Je me suis fait virer.

Les malchanceux le savent, ce qui arrive est souvent la conséquence de ce qui s'est passé avant. Après cet incident, on m'a parlé d'un emploi moins périlleux : clown pour le compte d'une association qui travaille dans les hôpitaux au chevet des enfants malades. Le boulot consistait à faire rire des gosses qui ont envie de tout, sauf de rire. L'avantage quand on rate tout ce qu'on entreprend, c'est que l'on peut se lancer dans des projets voués à l'échec : on ne risque rien. Je n'avais pas spécialement envie de refréquenter des hôpitaux mais, pressé comme toujours par le besoin de fric et la nécessité de me planquer dans un personnage, j'ai accepté le job. L'association avait besoin de renouveler son cheptel de gagmen. Elle était « en questionnement » avec les ados hospitalisés because le genre gros gag, nez rouge et chapeau pointu, ça ne passait plus du tout avec des jeunes qui ont grandi le smartphone à la main et devant les clips de YouTube.

– Vous pourriez insuffler un style nouveau, m'a dit le directeur des ressources humaines. Vous avez un doctorat de médecine, alors pour ce qui est de la connaissance des pathologies, ça devrait aller, mais clown, ça ne s'improvise pas. C'est un métier.

Si clown est un métier, alors faire cuire des nouilles, c'est un exploit scientifique.

– Bien sûr, j'ai répondu.

– Je vois que vous avez noté votre nom de clown sur le CV : Auguste Bambi. Très bien. Mais votre vrai nom, c'est quoi ?

– C'est mon vrai nom.

– Oups !

– Ce n'est rien. Vous voyez, je suis fait pour le métier.

– Absolument.

Je suis recruté. On commence par huit jours de formation. Je m'entraîne à des exercices d'improvisation avec mes nouveaux collègues clowns et, une fois intronisé, on me donne une avance de salaire et rendez-vous après le week-end pour attaquer le boulot. Hôpital Gustave-Cramé, service cancérologie, groupe des ados.

Je profite du samedi pour payer mon loyer en retard et louer un vêtement de travail qui fasse sensation.

Le lundi, après avoir participé au débriefing du matin avec le staff des soignants, on me laisse carte blanche. L'infirmière-chef m'accueille :

– L'idée, c'est de les détourner du virtuel pour les ramener vers un réel acceptable, ils sont scotchés sur leurs tablettes ou leurs téléphones, et rien ne les distrait. Si vous pouviez commencer par la chambre six, ça serait bien. Il s'appelle Nino, il résiste à tout, il refuse les soins.

Je m'équipe et apparais dans une pure panoplie de roi du rire : une tenue de Napoléon le jour de son sacre : cape de trois mètres de long, robe, ceinture de satin, sceptre et main de justice, collant blanc, cothurnes, couronne de laurier, perruque, grand collier de la Légion d'honneur et bien sûr une épée. La largeur de mon habit ne fait pas l'unanimité. Je prends trop de place, les chariots ne circulent plus dans le couloir et les soignants qui officient plissent le front à mon incongruité vestimentaire. J'ai beau me mettre de profil, il y a toujours un accessoire qui gêne. J'atteins laborieusement la chambre six et annonce d'une voix d'époque Grand Siècle :

– Sa Majesté l'Empereur souhaite vous visiter !

Pas de réponse.

L'occupant de la chambre serait-il absent ? Je sors péniblement un bras de dessous ma cape, pose contre le mur mon sceptre de trois mètres de haut et entrouvre le battant. Sitôt qu'il me voit. Nino, ado standard, en jogging, assis sur son lit, réagit :

– C'est bon, je t'ai vu avec ton déguisement de clown naze. Casse-toi.

Raté. Sur le terrain, on apprend vite et je m'aperçois que pour être clown, faire médecine ne suffit pas ; il faut venir d'une galaxie où ils vivent tous ensemble et puis grimper dans un engin spatial en carton-pâte recouvert de peinture à l'eau vert et orange, allumer une fusée de feu d'artifice et pssschit, arriver sur la planète Terre avec un gros nez rouge en disant : « Bonjour les petits n'enfants ! » Ce n'est pas un métier, c'est une magie. Je renonce pour aujourd'hui. Je termine la journée dans le service. Moyennant quelques maladresses (je me cogne, je fais tomber tout ce qui dépasse : extincteurs accrochés aux murs, trépieds où sont suspendues les perfusions, chaises, fauteuils), la plupart des enfants se bidonnent et je réussis même à m'étaler en marchant sur ma cape, une habitude. Mais en clownerie comme en médecine ce ne sont pas les rhumes des foins qui passionnent le spécialiste et le problème de Nino ne se traite pas avec un pschitt d'eau de mer dans le nez.

Vexé par mon échec, mais habitué à ne jamais céder au premier obstacle, je reviens le lendemain avec un autre déguisement. Une tenue de samouraï de théâtre japonais : canne de combat, sabre, épaules surdimensionnées, plastron, masque grillagé sur un maquillage aux traits démesurés. Je frappe à la porte de Nino. Une voix agacée me dit de rentrer. Le gamin est toujours assis sur son lit. Quand il me voit, il ôte son casque audio, lève les yeux et annonce :

– Dégage, bouffon.

Je tente tout de même un bonjour avec accent asiatique, inclinaison et tout le tralala. Il ajoute :

– S'il te plaît Machin, c'est déjà pas marrant d'être malade alors si tu veux vraiment t'éclater, t'as qu'à aller faire rire les vieux dans les maisons de vieux, ou les mioches dans les crèches.

Ma fausse moustache retombante témoigne de mon incapacité à innover. Je n'insiste pas, pour réapparaître vingt-quatre heures plus tard, lourdement équipé d'une armure du Moyen Âge :

– Casse-toi, je t'ai reconnu avec ton déguisement de boîtes à sardines.

Il va falloir trouver la bonne clé. Surtout que Nino, c'est très sérieux. Il faudrait qu'il accepte le protocole, subir une autogreffe de moelle osseuse, recevoir une chimio intensive, se faire réinjecter ses cellules avant de rester confiné sous une bulle six semaines, en chambre stérile, le temps que son système immunitaire se refasse une santé.

Le destin de ce gamin me permet d'oublier un peu le mien et sans même m'en rendre compte, je sors du déguisement qui est à l'intérieur du déguisement ; je redeviens, non plus moi un autre, mais un autre moi. Le lendemain, je débarque à l'hôpital en tenue ordinaire. J'emprunte une blouse suspendue dans le local des infirmiers, colle un bout de sparadrap sur la poche et j'y écris mon nom, ma fonction aussi : DOCTEUR BAMBI. J'attrape un électrocardiogramme et un stéthoscope qui traînent. J'entre dans la chambre de Nino, avec autorité cette fois :

– Bonjour jeune homme, un petit examen qui ne fait pas mal pour vérifier l'état de votre cœur.

L'effet de surprise agit, il reste silencieux, ne me reconnaît pas. Pas de vanne qui tue cette fois. Les gestes me sont naturels, il y a bien ma maladresse habituelle lorsque je place les électrodes sur sa poitrine, mais je suis dans mon rôle. Je branche les fiches dans l'appareil, je manipule ON/OFF, ça BIP BIP, ça PLONC, c'est parti.

En lisant mon nom sur ma poche de blouse, Nino trouve la vanne :

– C'est quoi ce nom ?

– Chut. Silence.

– Vous êtes clown ou quoi ?

– Tss, tsss, taisez-vous, voyons.

Une fois l'électrocardiogramme terminé…

– Bon, c'est bien, le cœur fonctionne comme un moteur diesel, voyons voir la suite. Un petit test cognitif.

Je lui tends une main les doigts écartés.

– Choisissez un doigt.

Un instant d'hésitation, dubitatif, il pointe mon index.

– OK, je mélange.

Je secoue la main dans tous les sens. Je représente ma main tendue devant son nez :

– Retrouvez-le !

Il pointe mon doigt en disant :

– C'est débile ce truc ! Sans rire, vous êtes médecin ?

– Oui, complètement. Un autre test ? On vérifie les réflexes. Tendez la jambe (je tape sur son genou), impec. Voyons voir l'ouïe (je hurle dans son oreille : Y a quelqu'un là-dedans ?), impec. Les yeux maintenant (suivez mon doigt). Les poumons… Parfait, parfait, je ne trouve rien.

Interloqué, il insiste :

– Non mais c'est quoi les études pour devenir médecin ? L'école des bouffons ?

– Presque, je réponds. Mais le mieux c'est de faire une spécialité : rigologie, déconologie par exemple. Le concours est très sélectif : quinze pour cent de chances de réussite.

– Ah… Autant que j'en ai de guérir, en gros.

Je me recule, prends un air absolument abasourdi :

– Pourquoi, vous êtes malade ?

– Vous êtes taré, sans déconner !

Et là, j'arrête de déconner :

– Sûrement un peu taré, mais je suis surtout médecin. Alors, on arrête les vannes et je vous propose que l'on tente ?

– Que l'on tente ? de camping ?

– La greffe de moelle, la bulle, la chimio… tout !

– Je le savais que vous essayiez de m'avoir. Vous êtes médecin c'est ça ?

– Clown, on a dit. Du moins j'essaye, car ceux qui n'essaient rien n'arrivent jamais à rien.

– C'est-à-dire ?

– À passer des concours, à rater des trains, à faire tomber sa tartine, à guérir… Pour vivre, il faut avoir des projets plus grands que la vie. Pour guérir, il faut avoir des projets plus grands que la maladie.

– Laisse tomber avec tes citations, il ajoute en repassant au tutoiement. Depuis que je suis né, je n'ai que des emmerdements.

– Pas autant que moi, je réponds.

– Ça m'étonnerait.

– Tu veux qu'on compare ? On fait un concours. Vas-y annonce, tu as quoi ?

– Je suis orphelin.

– Moi aussi. Un partout.

– Je suis roux.

– Ça ne compte pas.

– J'ai des taches de rousseur.

– Mortel, un point pour toi. Deux à un. Le premier qui arrive à quatre gagne.

– J'ai un cancer.

– Je suis capricorne. Égalité. Deux partout.

– J'ai une cicatrice là (il montre son dos).

– J'en ai une plus grande ici (je montre mon bras, celui qui était coincé dans une bétonnière) et une ici (péritonite aiguë) et ici (coup de hache raté). Trois à deux pour moi.

– Je ne suis pas la septième merveille du monde.

– Je ne suis pas la huitième. Trois partout.

– J'ai un groupe sanguin super rare, je suis AB –.

– Moi aussi !

– Non ?

– Si !

– Dingue !

– Waouh ! C'est saignant comme truc.

– T'en veux ?

– Pas qu'un peu.

– Quatre partout. Égalité.

La tendance s'inverse. À croire que quand deux AB – se rencontrent, ils fondent un club. On papote comme des vieux copains, je lui raconte ma vie, les poteaux dans la figure, les merdes de chien et les peaux de banane, je n'oublie rien, ni les incendies, inondations, retards, oublis, erreurs et autres râteaux... Nino rit de tous mes pépins. Il me dit que lui n'a rien vécu de tout ça.

– Ça viendra, je lui confirme.

– Si je survis, il répond.

– Si tu survis, je confirme.

Nino acquiesce au fait que la vie est une clownerie et qu'il faille tenter dix trucs pour en réussir un. Que l'on doive tomber et se relever, que boum badaboum fasse partie du jeu. La chance, la malchance, c'est juste un coup de dés, certains font un six du premier coup, d'autres ne sortent que des deux, les moins doués comme nous lancent les dés à côté de la piste. La maladie nous nargue avec son nez rouge, il faut en rire, sortir un double six de sa poche.

J'évoque son traitement. Il me demande de réfléchir.

– Ne réfléchis pas trop, il faut saisir sa chance quand elle se présente.

Après avoir quitté sa chambre, je croise le chef de service qui me jette un regard sévère lorsque ses yeux tombent sur ma blouse de médecin et le sparadrap. Je dois lui expliquer ma présence dans cette tenue, je décline mon vrai métier.

– Un médecin qui fait le clown ou un clown qui fait le médecin ?

– Les deux.

J'évoque l'échange que je viens d'avoir avec Nino. «On fonce», sera sa réponse. Et puis, il ajoute :

– Au fait, l'hôpital recherche un radiologue. Ça vous tente ?

– Je ne sais pas. Faut que j'y réfléchisse.

– Ne réfléchissez pas trop, il faut saisir sa chance quand elle se présente.

– Je pourrais venir travailler avec un nez rouge ?

– Avec un nœud papillon géant et des chaussures pointure 70 si vous voulez.

Il se passe plusieurs jours pendant lesquels tout le monde a eu le temps de réfléchir. Après avoir subi une ponction et un premier traitement, Nino doit être isolé en chambre stérile. Une traversée en solitaire sur une mer d'huile, déprime garantie.

Je suis avec lui. Il me regarde, je ferme le dispositif de bâches transparentes, la fermeture Éclair se coince. Il sourit, reprend l'affaire depuis son côté et termine de boucler lui-même sa bulle. Le voici en vitrine, exposé aux regards tel un animal. Je ne sais pas quoi lui dire. Je dis ce qui me vient :

– Je suis content de te connaître.

– Moi aussi, il répond en testant d'une main à plat la résistance de l'épais plastique. (Je pousse aussi de mon côté.) Tu m'attends ?

– Non, je n'ai pas que ça à faire, mais je viendrai te voir une fois ou deux… par jour. Ils cherchent un radiologue.

J'ai réfléchi, je vais postuler, j'ai toutes mes chances. Je ne serai pas loin.

– Avant, j'avais personne, il reprend.

– T'inquiète, on s'a (du verbe avoir) maintenant. On a du bol de s'être rencontrés.

C'est idiot à dire, mais c'est vrai que l'on a parfois du bol de ne pas avoir de bol. Pourtant, désormais je ne veux plus glaner que des bonnes nouvelles. Je vais reprendre mon ancien métier et balancer ma collection dans les orties pour en commencer une nouvelle. Je n'y mettrai que des belles choses. La première pièce sera une pièce de choix : Nino va guérir. C'est promis.

# Une révolution

Thierry Illouz

Elle avait menti, Cécile. Depuis des mois. C'est cela qui la travaillait ce matin dans la salle de bains. Pourquoi avait-elle fait ce choix de ne rien dire ? De dissimuler. Était-ce mentir d'ailleurs que de garder une chose pour soi ? Il y a forcément une raison au secret, ce que nous ne confions ni à un parent ni même à son journal intime. Car elle tenait un journal intime où chaque jour elle reprenait le déroulé de ses activités, de ses rencontres, de ses lectures et de ses sorties. Mais jamais elle n'avait écrit un mot sur cela, non, elle ne le pouvait pas, elle ne le voulait pas. Elle apprenait quelque chose dans ce silence-là, dans ce secret qui n'était pourtant ni honteux, ni dangereux, ni grave, elle apprenait que certaines choses nous appartiennent, à nous et à nous seuls.

Elle se coiffait à présent, son visage avait changé, il s'était aminci, elle le constatait avec bonheur, elle quittait la rondeur de l'enfance, elle avançait et elle voulait avancer.

Ce mensonge, ce secret tout au moins, avait peut-être un rapport avec tout cela après tout, avec ces traits qui changeaient, avec la vie qui progressait.

« Cela ne regarde personne », se disait-elle ce matin-là en terminant de se coiffer, alors qu'elle se tenait encore devant le miroir. Cela ne regarde personne. Elle leva les yeux, l'association des idées la fit sourire au miroir. « Oui exactement. Cela ne regarde que moi. »

La maison était déjà calme, seule sa mère était encore là et finissait de se préparer de son côté, elle partirait bientôt travailler et Cécile serait alors seule et tranquille, les cours reprenaient dans deux heures seulement.

Elle avait toujours aimé se lever tôt pour profiter de ces instants de calme et de solitude.

Elle entendit la porte claquer, juste avant sa mère avait lancé « Je pars, bonne journée » et immédiatement après, le silence avait enveloppé la maison comme à chaque fois. Alors que sa mère était discrète et qu'aucun bruit ne s'était fait entendre véritablement. Le silence était d'une autre nature, un silence dont on sait que personne d'autre que soi ne pourrait le troubler. Elle ne comprenait pas vraiment pourquoi elle aimait tant cette sensation mais elle l'aimait et la goûtait. Seule dans la maison elle se ferait un thé qu'elle siroterait en pensant à sa journée, à ses cours, à ses amis. Et puis elle chanterait, seule, elle chanterait, elle laisserait ce plaisir du chant la gagner, elle s'efforcerait de travailler ses vocalises, monter la voix, la tester, l'éprouver, elle avait besoin de se sentir vivre et finalement le chant et cette activité nouvelle avaient le même effet pour elle, cela la faisait vivre. Sans en parler. Elle avait jeté un œil à sa messagerie et déjà répondu à plusieurs petit signes amicaux. Dans une heure elle partirait. Et après les cours…

C'était ce secret qui l'occupait à présent, alors que depuis des semaines elle ne s'était posé aucune question. Cette nouveauté dans sa vie l'avait apaisée, elle en était convaincue.

Fallait-il mettre cela en relation avec les tremblements de cette année, avec la séparation des parents ?

La maison n'avait pas été silencieuse ces derniers temps, non, il y avait eu des cris, des larmes, des portes qui claquent, il y avait eu des moments terribles d'effondrement et d'impuissance. À son âge, quinze ans, les moyens d'agir sur ces turbulences étaient limités, son père lui avait conseillé de se tenir en dehors de cela, il ne voulait pas qu'elle souffre. Il lui avait répété ces mots : « Nous ne voulons pas que tu en souffres. » Il était même allé jusqu'à lui dire : « Cela ne changera rien pour nous, c'est entre ta mère et moi. »

Elle ne voulait plus penser à ces moments. Ses parents avaient fini par trouver un arrangement, c'était cela le mot, un arrangement, sa mère garderait la maison, elle resterait là elle aussi, et puis elle irait voir son père dès qu'elle en aurait envie, tout simplement.

«Oui tout simplement», lui avait-il dit.

Pourtant elle avait vu sa mère pleurer seule certains soirs.

La journée se déroula comme à l'accoutumée. Elle travaillait plutôt bien, elle avait comme chacun des matières favorites, le français, l'espagnol, l'histoire, elle avait comme chacun des amis préférés: Léa, Chloé, et ce clown de Pierrot. Il la faisait rire, Pierrot, il lui changeait les idées.

Et puis il y avait Julien, il y avait pour chacune un Julien, cela la faisait souffrir de sentir qu'on l'obligeait un peu à cela, avoir quelqu'un avec qui «sortir», avoir quelqu'un, toutes les filles et tous les garçons semblaient réduits à cette obligation d'avoir quelqu'un, en ce moment elle le vivait mal. Depuis quelque temps elle vivait mal, elle vivait tout mal.

Dès qu'une pensée de ce genre la traversait elle regrettait vite, Julien était un garçon formidable un garçon gentil, attentionné, qui ne l'encombrait pas, qui attendait sagement les moments où elle accepterait de passer du temps avec lui, aller au café, au cinéma, même réviser ensemble, il se contentait de ce qu'elle voulait bien lui donner. Elle était partagée sur cette façon de se comporter. Parfois elle trouvait cela émouvant, sensible, délicat et parfois au contraire elle pestait intérieurement contre la patience de Julien. Il lui fallait apprendre les mécanismes du cœur, il lui semblait souvent qu'elle n'en était que la spectatrice.

Ce soir comme quasiment chaque soir donc, elle quitta le lycée et se dirigea vers l'hôpital. C'était cela, l'affaire du moment. La route était facile, ce n'était pas loin, elle s'arrêtait parfois à la supérette qui faisait l'angle de la rue du 27-Juin, pour y acheter une sucrerie, une douceur. Mais pas pour elle.

Sur le chemin elle chantait, personne ne l'entendait, elle chantait à mi-voix, c'était un exercice, chanter *mezzo voce*, elle avait lu que cela, chanter à mi-voix, permettait au contraire de se préparer aux notes aigues.

Cécile travaillait seule le chant, elle se contentait de lire des sites internet, de regarder des vidéos. Il fallait définir la tessiture de la voix, travailler la posture du corps, sentir la voix au niveau du sternum, la colonne d'air, tout cela elle le connaissait, relever la poitrine pour autoriser les poumons à s'emplir et se vider, gonfler le ventre.

Elle voulait progresser, sans rien en dire à quiconque elle s'acharnait, elle s'appliquait, et ce don, car elle avait un don, ce don s'épanouissait en elle, mais elle voulait le développer, l'encadrer.

Ce n'était pas une ambition, mais une envie profonde d'accéder à un plaisir plus grand encore que celui qu'elle éprouvait déjà à chaque fois qu'elle chantait, démultiplier ce plaisir.

Alors qu'elle progressait dans les rues de la ville en chantant doucement, elle cherchait à mieux comprendre encore ce plaisir, et l'idée qui lui venait spontanément c'était « sortir de soi ».

L'hôpital était moderne, ils avaient démoli l'ancien, c'est Pierrot qui lui avait raconté cela, que son grand-père était mort dans l'ancien hôpital et que ça lui faisait de la peine de savoir qu'il n'existait plus, qu'ils n'existaient plus, ni son grand-père bien sûr, ni même l'hôpital. Comme tous les grands comiques, Pierrot était un grand mélancolique.

Elle entra, elle connaissait tous les services, la signalisation, le décor, les longues rampes de bois qui rythmaient les couloirs, et les portes de couleur.

Elle n'hésitait pas, tout cela lui était devenu familier.

Ce sont des lieux qui ne devraient pas devenir familiers, pourtant ce sont des lieux qui s'habitent, qui se vivent. Elle avait appris cela. Elle se souvenait de sa première visite ici, tout l'avait gênée, l'odeur, les couleurs. On y faisait une étrange utilisation des couleurs comme s'il s'était agi de rendre les lieux joyeux à tout prix, sans redouter le bleu, le vert, le jaune. Elle avait d'abord trouvé cela violent, voire insultant, et puis elle s'y était faite. Il y avait curieusement au bout d'un moment un effet de neutralisation dans ces couleurs, elle devait le reconnaître. Et puis il y avait les bruits, les voix, assourdis par l'on ne sait quoi au juste ; les sols souples ou la maladie elle-même et la retenue qu'elle exige de tout et de tous. Ce jour-là elle avait croisé des clowns qui venaient pour égayer les enfants malades, elle avait eu un recul en les voyant, ils avaient commencé à lui parler, à jouer avec elle et Chloé. Elle n'aurait pas imaginé de telles présences ici. Mais elles avaient fini par rire elles aussi, avec un clown et une des infirmières de service. C'était un souvenir doux. Ce moment avait inauguré la surprise de l'hôpital et de ses visages. Cécile n'avait jamais côtoyé de malade. Elle n'avait connu aucun de ses grands-parents. Jamais on ne l'avait fait entrer dans ces lieux. Tout cela avait commencé par un échange avec Chloé, un jour de contrôle de maths. Chloé était arrivée inquiète et nerveuse, elle avait raconté qu'on avait hospitalisé sa grand-mère et qu'elle n'avait pas eu le temps de réviser le cours, elle semblait perturbée, fatiguée.

Cécile se souvenait de cette sensation presque jalouse de n'avoir jamais eu de grands-parents, et d'avoir pensé que le conflit qui venait de secouer la sphère familiale n'avait pu compter sur ces présences qu'elle imaginait rassurantes, chez qui elle aurait pu à certaines heures brutales, pensait-elle, trouver un refuge. Des témoins, mais pas des étrangers. Elle avait en tête cette distinction, les témoins, ceux qui assistent, qui voient les événements se dérouler mais des témoins impliqués, bienveillants. Elle avait espéré cette bienveillance qu'elle n'avait pas trouvée alors. Elle avait du reste peu parlé de ce qui se tramait chez elle, un divorce était en réalité devenu pour tous la chose la plus banale de la terre et elle aurait détesté alors qu'on lui assène cette vérité.

Une fois passées les premières sensations de l'hôpital, elle avait suivi avec Chloé les couloirs jusqu'à la chambre de Mamie Thé. On l'appelait Mamie Thé, pas pour l'infusion, pour Thérèse, le prénom, Thé comme Thérèse. Elle avait proposé à son amie de l'accompagner ce jour-là et tout s'était enchaîné. Elle avait rencontré cette Mamie Thé qu'on venait d'opérer, elle avait entendu cette petite voix aussi éraillée que chaleureuse consentir à la douleur, à la vieillesse, au cortège de ce qu'il lui fallait endurer et puis quelque chose s'était passé entre elles. Comment définir cela, cette rencontre-là, si ce n'est une sympathie, un moment de tranquillité, un moment arraché à sa vie, à ses angoisses, à ses doutes. Un moment qui n'avait rien à voir avec tout ce qu'elle avait vécu jusque-là, une rencontre différente de toutes les rencontres qu'elle avait pu faire jusqu'à ce jour, une sorte de révolution.

En travaillant ses cours d'histoire elle avait trouvé cette définition étendue de l'idée de révolution : *un changement qui arrive dans la vie, dans les pensées, dans les mœurs d'une personne*. C'était donc cela. Une révolution.

Et cette rencontre était devenue plus qu'une rencontre, une relation. Cécile avait pris l'habitude d'aller rejoindre Mamie Thé dès que son emploi du temps le lui permettait avec ou sans Chloé. Le plus souvent sans Chloé qui préférait d'autres amusements et qui parfois se sentait soulagée à l'idée que son amie la relaye. Elles n'en parlaient jamais en classe. Un silence était posé sur cette histoire. Personne ne savait pourquoi.

Mamie Thé parlait, il suffisait de s'installer à côté d'elle et elle ouvrait ce robinet de paroles, elle racontait sa vie, son enfance, ses amours. Tout y passait. Mamie Thé n'avait plus de pudeur, elle voulait au contraire tout dire très vite et si possible à quelqu'un qui emporterait cela, elle voulait déposer sa vie quelque part.

Elle n'allait pas si mal, elle était une vieille femme voilà tout, l'opération avait été plutôt réussie, elle remontait la pente. Elle devait suivre un traitement, on parlait de radiothérapie, l'idée de la chimiothérapie évoquée un temps aurait été trop éprouvante et son mal avançait lentement à son âge.

Alors la jeune fille s'asseyait à côté de la vieille dame et écoutait, souriait, pleurait parfois parce que Mamie Thé parlait de la guerre, d'une enfance cachée, de nuages funestes qui traversent le ciel, s'éloignent mais risquent toujours de revenir.

Au bout d'une heure environ elle prenait congé de son amie et repartait chez elle, son retard n'avait jamais été remarqué à la maison, sa mère ne remarquait plus ce genre de détails, à moins que, l'ayant remarqué, elle ait mis ce retard régulier sur le compte d'une histoire privée et ait préféré le passer sous silence. Les mères les plus occupées par leur propre souffrance ont parfois quoi que l'on croie ce genre d'égards injustement incompris. C'est la déduction qu'elle avait faite un jour qu'elle s'interrogeait sur ce silence avec une indulgence qui l'avait étonnée elle-même.

Le temps avait passé, des semaines, deux mois en tout et il fallait déjà ce mardi-là prendre congé de Mamie Thé que l'on avait décidé de placer en maison de retraite à plus de deux cents kilomètres d'ici. Voilà pourquoi cette journée était spéciale, elle apporta la petite douceur traditionnelle que Mamie Thé accueillit comme toujours avec joie et force remerciements, elle souriait, il n'y avait rien de triste et cela lui plaisait qu'il n'y eût rien de triste. Elle ne voulait que cette douceur qui s'était imposée autour des deux femmes, de la douceur, de la chaleur, de l'amour. Avait-elle le droit de penser ces mots à l'égard d'une femme qui n'avait aucun lien avec elle, qu'elle n'avait rencontrée qu'entre ces murs d'hôpital ? Le soleil perçait, c'était un signe, la chambre était éclairée, le lino bleu devenait plus lumineux, les chromes du lit brillaient.

Elle pensait qu'à présent elle pourrait enfin confier à son journal cette histoire étrange, cette rencontre improbable qui la changeait en profondeur.

Une infirmière entra, c'était l'heure du soin, cela ne prenait pas longtemps, on devait attendre dans le couloir derrière la porte. Elle se plia volontiers à ce rituel, tout cela était devenu naturel, dans le couloir elle avait croisé tout ce que l'hôpital peut contenir, des médecins, des infirmières, des malades en pyjama qui promènent leur perfusion, des familles qui viennent en visite. Étrangement elle se sentait appartenir à un monde, à une communauté silencieuse et secrète.

Après le soin elle pouvait rester encore un moment. Maintenant il fallait dire au revoir, elle préférait dire au revoir qu'autre chose, parce que l'on ne sait rien de ce qui arrive, de ce qui arrivera. Au revoir, oui, pas plus que cela. Mamie Thé était émue mais prenait sur elle, elle lui ferait connaître son numéro de téléphone à la maison de retraite et, oui, elle lui passerait de petits appels de temps en temps.

C'est une accolade, un baiser et on sort, on fait encore un signe de la main, et on referme la porte. C'est douloureux, même si tout va bien, même pour Mamie Thé, c'est juste un moment qui prend fin. Ensuite Cécile reprend le chemin vers la maison, elle ne veut pas alourdir ce moment, elle cherche de quoi rendre l'instant léger. Et puis l'impression soudain d'avoir oublié quelque chose, faire demi-tour, revenir en courant, rentrer à l'hôpital, monter les escaliers, être à nouveau dans la chambre. Mamie Thé surprise qui sourit avec des questions dans le regard et là, se poser, prendre une grande respiration et chanter. Pour la première fois.

# Le nez rouge

Rouja Lazarova

Au réveil, la première sensation qu'elle éprouva, c'était la fatigue, une fatigue immense qui imprégnait tout son corps et le clouait au lit. Des filets de lumière pâle traversaient les minces fentes laissées par le store métallique baissé. Le silence régnait encore, il devait être sept heures, tout au plus. Allongée sur le dos, sans forces, elle referma ses paupières lourdes sur ses yeux. Elle ne voulait pas de cette journée qui commençait, comme elle n'avait pas voulu de celle d'hier, de celle d'avant-hier, d'avant-avant-hier... Elle avait perdu l'envie de vivre.

Des bruits de pas pressés au-delà de sa porte, dans le couloir, des voix, le crissement des roulettes d'un chariot, des claquements de portes... tout un petit remue-ménage indiquait le début du changement des équipes : celles de la nuit étaient remplacées par celles du jour. Sept heures et quart, sans doute. Elle restait allongée sur le dos. Auparavant, dans sa vie antérieure, elle adorait dormir recroquevillée ou à plat ventre, la jambe droite repliée, mais son corps n'avait plus la force de chercher des positions extravagantes. Ce n'était plus une vie, Lola voulait mourir.

Tout avait commencé une petite année plus tôt, le 10 juin précisément, par une chute banale lors d'un match de handball contre l'équipe d'un autre collège de la ville. Passée à l'attaque, elle avait sauté, projetant d'un coup de bras vigoureux le ballon vers le filet, avait juste eu le temps de voir qu'elle avait marqué, et avait atterri sur ses genoux. À sa grande joie, son équipe avait gagné, mais le genou droit n'avait pas dégonflé, et la douleur, au lieu de s'atténuer, avait augmenté.

Dehors, dans les couloirs, l'accalmie se fit, la transmission entre les équipes de soins était terminée. Sept heures trente.

Lola avait espéré que l'arnica allait tout soigner, mais le médecin scolaire l'avait envoyée consulter des spécialistes. Puis les examens s'étaient enchaînés dans une folle précipitation, radios, scanners, IRM, biopsie. Le diagnostic était tombé impitoyablement, comme le coup de hache d'un bûcheron, sous le nom cruel d'ostéosarcome : le cancer des os. Lola avait vu les visages de ses parents se décomposer. Des larmes s'étaient mises à couler silencieusement des yeux de sa mère, c'était la première fois qu'elle la voyait pleurer. Son père restait sans voix. Le médecin référent avait parlé de protocole de soins, de chimio-thérapie, d'intervention chirurgicale et avait conclu d'un ton rassurant : « Il faut garder espoir, les chances de guérison sont grandes. » Alors que tous ses copains et copines partaient en vacances, Lola était hospitalisée pour sa première cure de chimiothérapie. Elle avait treize ans. C'était une élève brillante et rebelle, l'attaquante de l'équipe de handball du collège. Malgré ses bonnes notes, elle ne se prenait pas au sérieux et participait à toutes les folies de ses deux bandes de potes.

On frappa à la porte qui s'ouvrit largement, laissant passer l'infirmière.

– Bonjour Lola ! Bien dormi cette nuit ?

Elle s'approcha de la fenêtre, appuya sur un bouton et le store se mit à se lever, laissant la lumière du jour pénétrer dans la chambre.

– Comment ça va ? demanda-t-elle d'un ton enjoué.

Lola aimait bien Magali, une femme pleine d'attention et d'énergie dont l'éternelle bonne humeur lui faisait oublier l'hôpital. Mais rien ne pouvait la consoler aujourd'hui. Elle gardait le silence. Comme tous les matins, l'infirmière procéda aux contrôles : mesures de la température, de la tension et du poids, prise de sang, analyse d'urine. La jeune fille subissait en silence, harassée par la routine médicalisée.

– Ce n'est pas la grande forme. Tu as perdu beaucoup de poids. Allez, haut les cœurs, regarde, dehors les arbres se mettent à bourgeonner, le printemps arrive.

L'interne entra. Il examina le genou, posa quelques questions, nota quelque chose dans son carnet.

– Le niveau des globules blancs est bas, Lola. On va retarder ta sortie. Il faut manger plus, sinon, ce sera la sonde naso-gastrique.

Lola y avait déjà eu droit, un tuyau horrible qu'on glisse dans le nez et qui descend jusqu'à l'estomac. On y transvase de la nourriture liquide enrichie en protéines et en fibres. Elle l'avait supportée, mais n'en avait plus envie. L'interne et l'infirmière ressortirent, ce fut le tour de l'aide-soignante, qui venait refaire le lit. Lola mobilisa toutes ses forces pour prendre sa douche. Elle demanda le petit déjeuner dans sa chambre et n'y toucha pas, ayant perdu goût à la nourriture, la bouche recouverte d'aphtes. Sa mère téléphona et elles bavardèrent. «Je viens en fin d'après-midi, ma chérie, à tout à l'heure.»

Au début, Lola s'était battue avec acharnement, déterminée à guérir pour réjouir ses parents. Le traitement s'organisait ainsi : une cure de quatre jours, durant lesquels elle restait à l'hôpital, branchée à la perfusion, recevant le liquide jaune de la chimiothérapie et des produits qui aidaient à son élimination. Des contrôles toutes les quatre heures et, toutes les huit heures, des changements de perfusion. Des injections de médicaments contre la nausée, contre la constipation, des antidouleurs. S'ensuivaient deux semaines à la maison pour essayer de récupérer des forces. Ce rythme venait à être perturbé. Parfois, la fièvre montait, et il fallait retourner à l'hôpital pour une perfusion d'antibiotiques. D'autres fois, les globules blancs tombaient trop bas, repoussant ainsi la date de la cure. À la maison, Lola voyait une prof pour poursuivre les cours de 4e, et c'était, avec celles de sa tante, parmi les seules visites qu'elle recevait. Ses défenses immunitaires étant trop faibles, il fallait la préserver des microbes, et tout contact avec un être humain représentait une menace potentielle de contagion.

– Ça va, Lola ? Tu ne veux pas aller en salle de jeu ? demanda Magali qui passait en coup de vent.

La jeune fille secoua la tête, elle voulait rester seule. L'isolement, forcé au début, lui offrait maintenant un refuge confortable. Puis la vision de tous ces ados malades, décharnés, sans cheveux ni sourcils, la déprimait. Sans poils, les visages des filles et des garçons se ressemblaient, et cette ressemblance l'angoissait car elle effaçait la différence entre les sexes. Quand elle avait perdu les siens, Lola avait cessé les contacts avec ses copines. Au début, elle passait du temps sur Facebook, Snapchat et Instagram, postait quelques commentaires. Elle s'était même fait un seflie avec le pied à perfusion. Mais lorsque ses cheveux tombèrent, elle arrêta de se montrer. Un jour, elle découvrit des photos de sa meilleure copine, Clémentine, avec Samuel, le garçon dont elle était amoureuse. La jalousie lui crispa le ventre. Cette double déception, amoureuse et amicale, entama son désir de se battre pour la guérison.

Son identité de fille avait subi un autre coup lorsque ses règles s'étaient arrêtées. Elle les avait eues à l'âge de douze ans, éprouvant joie et fierté de devenir femme. Mais le sang était trop précieux dans la bataille contre le cancer, il fallait le conserver. Alors, on lui avait administré un traitement qui coupa court au débarquement mensuel.

Lola ne voulut pas sortir de sa chambre pour le déjeuner. On le lui apporta sur un plateau : une escalope de veau avec de la purée, sentant le plastique et le four à micro-ondes. Elle n'y toucha pas. Pendant des mois, après chaque chimio, elle s'était efforcée de manger car elle savait que c'était une des clés du rétablissement. Mais elle abandonnait la lutte, elle n'y croyait plus.

Il y avait eu l'opération, la prothèse du genou, les deux mois de rééducation pour réapprendre à marcher. La cicatrice qui barrait désormais sa jambe sur sa longueur et qui l'obligerait à porter toute sa vie des pantalons ou des collants pour la cacher. Le deuil qu'elle devait faire du handball, son sport préféré. Enfin, lorsqu'elle pensait être arrivée au bout de ses peines, les médecins avaient de nouveau prescrit de la chimio. Lui mentaient-ils sur ses chances de guérison ?

À chaque étape, Lola s'était battue, pour conserver les précieux globules blancs, pour que ses muscles ne s'atrophient pas. Mais elle était fatiguée. Elle voulait mourir. Sa mère et son père souffriraient un bon coup, puis ils l'oublieraient et recommenceraient une nouvelle vie. Lola avait découvert la force de l'oubli – ses copines, y compris la meilleure d'entre elles, l'avaient bel et bien oubliée. La mort la délivrerait de cette existence minable et permettrait à ses parents de se reconstruire.

On frappa à la porte. D'habitude, les gens à l'hôpital faisaient peu de cas de la réponse des patients et entraient sans façon dans les chambres. Lola attendit en vain. L'on frappa de nouveau. « Oui ! » cria-t-elle, excédée. Apparut un drôle de personnage. Une houppe hirsute de cheveux blancs entourait son visage rondelet, garni d'une bouche en forme de cœur, de deux joues roses et luisantes, de petits yeux de renard et de deux impressionnants sourcils. À la différence des cheveux, ceux-ci étaient noirs. Ils dessinaient deux arcs-en-ciel et conféraient au visage une expression d'étonnement benêt. Il portait une blouse blanche déboutonnée qui laissait voir une veste en velours violette et un pantalon à rayures vert et bleu.

– Bonjour ! dit-il d'une voix tonitruante. Je me présente, je suis Oscar, et vous ?

Lola se demandait qui était l'intrus et ce qu'il venait faire là.

– Bonjour ! Je suis Oscar, et vous ? répéta-t-il.

– Lola, finit-elle par dire.

– Enchanté, Lola, je suis honoré de faire ta connaissance. J'espère qu'on va bien s'amuser ensemble.

Lorsqu'il parlait, ses sourcils dansaient. Il fouilla dans sa poche, en ressortit une boule en mousse rouge qu'il fixa sur son nez. En le voyant, Lola gémit :

– Pitié !

Elle détestait les clowns. Ils venaient parfois pour amuser les jeunes patients. Ils avaient des costumes aux couleurs criardes, des nez rouges, des instruments de musique. Ils jouaient et chantaient, racontaient des blagues, sautaient et jetaient des confettis. Ils avaient peut-être du succès auprès des enfants, mais ils agaçaient Lola. Elle trouvait déplacé qu'on l'oblige à rire à l'hôpital. Si elle avait envie de rigoler, elle irait sur YouTube regarder en boucle les clips de Cyprien ou Norman. Mais elle n'en avait pas envie, elle préférait ses pensées noires, sa mélancolie.

– Tu hais les clowns, Lola ? demanda Oscar, en faisant disparaître le nez rouge dans sa poche. Ah, combien je te comprends ! Ce sont des êtres primitifs. Leur seule richesse, c'est leur bêtise, qu'ils exploitent pour faire rire les autres. Je les hais, moi aussi, même si j'en suis un. Je le suis devenu à cause de mes sourcils, Lola, parce qu'ils faisaient rire. Et parce que j'étais nul à l'école. J'ai essayé un tas de formations, rien n'a marché. Alors que toi, on sent tout de suite que tu es intelligente. Tu ne seras jamais réduite aux clowneries. Tu feras une belle carrière, je te vois en scientifique, chercheuse en physique, par exemple.

Lola se taisait, désarçonnée. Comment avait-il deviné ? Elle voulait devenir exactement chercheuse en physique, comme son père. Mais c'était avant la maladie, maintenant cela n'avait plus de sens, elle allait mourir. Comme pour lui répondre, Oscar poursuivit :

– Tu sortiras bientôt d'ici, tu guériras, cela aura été une dure épreuve. Et comme tu le sais, ce qui ne te tue pas te rend plus fort. Tu seras forte, Lola, à l'école et dans la vie. Tu sauras mieux profiter de tout, parce que tu auras traversé la maladie. Tu saisiras les occasions qui se présenteront, tu réussiras. Tu rencontreras un garçon gentil, pas comme celui qui t'a oubliée. Tu seras heureuse.

Comment faisait-il pour deviner tous ses secrets, se demanda encore Lola. Ce clown n'était pas si bête qu'il prétendait.

– Tu ne me crois pas, je le vois à ton air désabusé, parce que l'hôpital t'a épuisée, mais plus tard, tu te souviendras de ce que je t'ai dit.

Le silence se fit à nouveau. Oscar faisait quelques pas dans la chambre étroite, pivotait sur lui-même, revenait. Il gesticulait, ses sourcils remuaient de façon comique. Involontairement, Lola sourit. Personne ne lui avait parlé de cette façon, tout le monde était obsédé par son poids, les globules blancs, les cellules cancéreuses. Puis, elle s'assombrit et murmura :

– Je veux mourir.

Alors, Oscar s'immobilisa, souleva ses sourcils, frappa le sol de son pied et piqua une colère noire.

– Quoi ? Qu'est-ce que tu as dit ? Tu peux répéter, s'il te plaît, je ne suis pas sûr d'avoir bien entendu ! Répète, assume ce que tu racontes.

– Je veux mourir, reprit Lola un peu gênée, elle avait honte.

– Quelle bêtise suprême ! Je suis déçu de toi, Lola. Tout à l'heure, tu me dis que tu détestes les clowns. Et là, tu me parles de la mort. Mais la mort, ma chérie, c'est la pire des clownesses ! Elle nous fait glisser dans notre baignoire et boum ! on se fracasse la tête. Elle nous distrait quand on conduit et pam ! on se prend un poteau. Elle en fait, des numéros, et elle ricane dans son coin. Tu as déjà vu le ricanement des crânes ? Alors, Lola, je te prie de rester cohérente. Si tu hais les clowns, tu dois haïr la mort. De toutes tes forces. Tu as compris ?

Elle hocha timidement la tête.

– De toutes tes forces. Entendu ?

– Oui.

Lorsque Oscar quitta la chambre, Lola s'endormit profondément. Elle fit un rêve étrange. Les fenêtres s'ouvraient sous le souffle d'un coup de vent violent, et une lumière aveuglante inondait la pièce. Un oiseau blanc avec de longues ailes argentées venait se poser sur le lit et se mettait à chanter : « Vis, vis, vis. » En se réveillant, Lola éprouva une faim dévorante. Magali entra dans la chambre, il devait être seize heures, l'heure des contrôles, tension, température, urine.

C'était en septembre. Lola avait guéri. Ses cheveux avaient repoussé, ses règles étaient revenues. Elle était entrée en troisième au collège, elle avait retrouvé les copains. Elle s'était réconciliée avec Clémentine et ignorait fièrement Samuel. En revanche, elle observait secrètement Tom, un garçon aux yeux noirs et tendres comme du velours, grand et mince, un peu voûté. Il se tenait à l'écart des autres et jouait aux échecs sur son téléphone. Il l'intriguait. Comme l'avait prédit Oscar, elle avait une grande soif de vivre. En cours, elle rattrapait le retard accumulé. Elle s'était inscrite en waterpolo, un sport aquatique où elle retrouvait le plaisir du jeu de ballon. Elle s'était remise sur Facebook, Instagram et Snapchat.

Un jour, elle surprit ses parents en demandant à aller au cirque. Ils passèrent une soirée excellente à admirer la prouesse des acrobates et l'agilité des jongleurs, à rire des numéros des clowns. Lola pensait à Oscar. Que devenait-il ? Rendait-il encore visite aux enfants malades, jouait-il dans un cirque ? À la fin du spectacle, elle acheta une boule en mousse rouge qu'elle fixa sur son porte-clés.

Elle retournait à l'hôpital une fois par mois pour des examens de contrôle. Sa guérison se confirmait. Un jour, en traversant l'immense hall d'entrée en direction des ascenseurs, elle jeta un regard distrait vers la cafétéria.

Il y avait, comme d'habitude, des visiteurs, des malades, des blouses blanches et des vêtements de ville. Quelque chose attira son attention : une houppe blanche et hirsute. Son cœur sursauta. Elle dévia de son chemin et s'approcha. Assis de dos, l'homme portait une blouse de malade, son bras relié à un pied à perfusion.

– Oscar ! s'écria Lola.

Il se retourna. Elle se jeta dans ses bras et l'embrassa. Puis ils restèrent un moment en silence, à s'observer. Il avait terriblement maigri. Ses joues s'étaient creusées, ses lèvres semblaient minces, son regard abattu, seuls restaient intacts ses sourcils.

– Alors, tu as guéri, ma chérie ?

Elle acquiesça, la gorge nouée.

– Tu vois, je te l'avais dit. Tu es retournée au collège, tu as retrouvé tes copains ? C'est génial !

Elle avait envie de pleurer, mais savait par expérience que les larmes étaient la pire des choses à offrir à un malade. Elle n'osait pas lui poser des questions.

– C'est mon tour, à présent. Les poumons. J'étais un fumeur effroyable, j'ai arrêté les cigarettes trop tard.

Lola luttait toujours contre les larmes qui remontaient dangereusement vers ses yeux.

– On m'a opéré, un demi-poumon en moins, maintenant la chimio, des doses de cheval. Mais tu connais ça, pas la peine de te brosser le tableau. Raconte plutôt comment tu vas.

Elle s'éclaircit la gorge.

– La mort, Oscar, tu te souviens ? Il faut la haïr de toutes tes forces. C'est la plus vicieuse, elle fait de mauvais numéros. Tu détestes toujours les clowns ? Alors, il faut la haïr très fort. Très fort, tu m'entends ?

Il l'écoutait, le visage soudain détendu et éclairé par un sourire. Elle ne pouvait plus s'arrêter de parler.

– Tu vas t'en sortir, il y a toujours de l'espoir, dans le cancer. Tu guériras et tu feras rire le public.

Plus elle parlait, plus elle gagnait en assurance. Il souriait, ses petits yeux étaient humides.

– Tu ne me crois pas, parce que l'hôpital t'a épuisé, mais je le vois dans tes sourcils, j'en suis certaine.

Elle fouilla dans son sac et sortit ses clés. Elle détacha le nez rouge et le lui tendit.

– Tiens, Oscar. Tu feras rire les médecins, pour commencer. Ils en ont bien besoin.

Il le prit, cligna des yeux, une petite larme s'écoula.

– Merci, Lola, merci. Tu as sacrément raison, j'avais oublié combien tu étais intelligente.

Il l'embrassa sur les joues.

– Je suis en retard, je dois y aller, mais je reviendrai te voir. Et n'oublie pas la haine de la mort !

Elle l'embrassa, pivota et courut vers les ascenseurs. Elle se retourna et lui envoya un baiser de la main. Il avait mis la boule rouge sur son nez et souriait.

# Granpréma

Christophe Léon

Bon, ben voilà, je sais pas ce que je fais ici, ni pourquoi je suis sur le dos, véritable tortue en déroute. En vérité, je ne sais même pas ce qu'est une tortue…

En tout cas, j'ai chaud, la clim est impeccablement réglée et j'ai les orteils à l'air, qui jouent de la mandoline sur les cordes du temps.

Le seul truc qui m'agace ce sont ces bidules collés sur ma poitrine et ce bracelet en vulgaire plastique qui entoure mon poignet droit.

Paraît que je m'appelle Jules. Jamais entendu un nom aussi ridicule. Les filles, qui se relaient toute la journée autour de ma couveuse, n'ont que des *Jules* à la bouche.

– Jules ! par-ci.

– Jules ! par-là.

– Jules ! partout.

Moi ça m'énerve. Alors, je pique une couleur. Ouais, une *couleur*.

C'est le stade ultime de la colère. Je deviens rouge pivoine. J'ouvre mes yeux d'un bleu profond et je grimace. Je me transforme en sosie de l'extraterrestre de Roswell. (Ne pas chercher à savoir comment je connais cette histoire, ça doit être dans mes gènes.)

Quand c'est une grosse couleur, du genre foncé-foncé, je relâche tous les orifices.

Pas la peine de faire un dessin, je suppose.

Y en a une surtout, je peux pas la cadrer.

Chaque jour, elle débarque, vers les treize-quatorze heures. Elle est parfois accompagnée par un homme du même acabit, mais version nœud coulant-cravaté, et rasé de si près qu'on voit ses dents.

La voilà donc qui s'approche de la couveuse et me chatouille les oreilles avec un truc pire que Jules :

– *Mon chéri !*

Eh ! Oh ! On n'a pas cultivé les croûtes de lait ensemble !

Ça c'est rien encore. Faut voir sa dégaine de première de la classe.

Permanente BTP, plus lisse et raide qu'un enduit bétonné. Chemisier, jupe, et fourberie d'escarpins en peau de fesse. Foulard et bijoux brevetés grands couturiers.

Et puis, elle minaude des heures avec sa voix en corne d'abondance. J'ai l'impression qu'elle ne s'arrêtera jamais.

Il faudrait que quelqu'un la débranche ou coupe le son. Alors moi, je roupille pour de faux. Je la snobe. Pas le moindre rototo, pas l'esquisse d'une risette, pas un gargouillis.

Dès le premier jour où je l'ai sentie – oui, parce qu'on la sent avant de l'avoir dans le collimateur, elle se bassine d'un parfum haut de gamme, un truc à te rendre dromadaire et à traverser le désert à la vitesse grand V – l'ai sentie donc, j'ai su qu'on serait pas copains tous les deux.

Quand elle a dit : « Tu fais une risette à maman, mon chéri », j'ai cru que j'allais défaillir. Les compteurs Geiger à côté de moi ont piqué une crise. Ça bipait de partout, même dans ma tête.

Mais il a bien fallu se résoudre. Ma mère habite à Neuilly-sur-Seine avec mon père, alias Costume-Trois-Pièces.

Bonjour galère. Moi qui me voyais enfant tzigane parcourant le monde dans une roulotte en bois vernis, tirée par deux chevaux aux crins blonds comme les blés.

J'aurai de la chance si à onze ans je ne suis pas enfant de chœur ou scout-toujours.

Un homme m'intrigue. Il porte des lunettes dont les verres font loupe. Il a toujours une flopée de filles en blouses blanches qui lui courent après. Elles l'appellent « Professeur », avec un P majuscule dans la voix et un « ssssseur » qui s'effiloche en longueur et qui me file la trouille.

Y a aussi des internes à ses basques. Internes ? C'est quoi ? Des types de l'intérieur ? De l'intérieur de quoi ? Ça me rend perplexe.

Ils sont repérables de loin parce qu'ils portent un drôle de serpent crevé autour du cou. Le corps noir. La tête plate et argentée. Une langue fourchue, que ces fameux internes se fourrent parfois dans les oreilles. Peut-être une variété rare de serpent-cérumen du type *stéthoscoviperidae*.

L'homme, donc, est grand et vieux. Quand il cause, on l'écoute. Pas moi. Pour qui il se prend ce Professsssseur ?

C'est même pas un prof d'EPS. Ça se voit à l'œil nu. Les profs d'EPS, ils ont un survêt à la place des jambes, et un cerveau atrophié par des années de séances de sport enseignées à des mômes qui renâclent à courir des kilomètres dans le froid, sur la piste pourrie d'un stade à deux bornes du bahut.

Non, mon Professeur à moi, quand il cause, un silence de cathédrale règne dans la pièce.

Par exemple il dit :

– Comment sont les constantes ?

Silence de mort.

Puis un charmeur de serpents répond :

– Normales.

Tu parles, *normales* ! J'suis un grand prématuré, scientifiquement nommé : Granpréma. C'est normal, ça ?

Remarque, *Granpréma* c'est plus classe que Jules, non ?

La nuit je dors pas. Et, comme je déteste être seul dans le noir, je pleure. Fort.

Une fille en blouse débarque. Elle me parle doucement, trifouille deux trois moniteurs, vérifie les niveaux, passe sa main câline sur mon dos et aussitôt je me calme.

Comme ça quatre ou cinq fois par nuit. J'avoue que j'aime bien qu'on soit aux petits soins pour moi. Ce que je déteste, c'est quand il faut me changer, comme par exemple après une grosse couleur.

Une fille de service m'enlève ma mini-couche, et j'ai tout de suite froid au derrière. Me voilà les bijoux de famille à l'air ! Savent pas, les filles en blouse, que la pudeur ça existe, même chez les Granprémas ?

La compensation, c'est le lait parfumé dont elle m'enduit les fesses. Senteur calendula et fleur d'oranger, avec la fameuse fragrance Mitosyl à la lanoline de la parfumerie Sanotifipa.

Ensuite, j'ai le baigneur qui sent le frais et c'est agréable.

Je ne dis pas qu'on s'amuse tous les jours ici…

Y a d'abord les bruits incongrus de ma voisine. Car je vis en colocation avec un autre Granpréma. Une fille, une gisquette, une frisée de la caboche.

Comment je sais que c'est une frangine ? Simple. Elle s'appelle Marguerite. Et je ne crois pas qu'on mette en couveuse des fleurs des champs. CQFD.

Marguerite, elle brame à heures fixes, réglée comme du papier tue-mouches. Elle a une horloge dans la tête. Ça commence par des gémissements, puis des vagissements, puis des hurlements à te vriller les tympans. Une fille, quoi.

Je suis pas misogyne, non. Mais quand on ronfle, tranquille pépère, le bedon au chaud, se faire réveiller par une petite sirène même pas sortie d'un film de Walt Disney, y a de quoi avoir des desseins très animés dans la tête. Du genre meurtre à larmes blanches ou massacre de la tronc-sonneuse.

C'est décidé, plus tard, j'épouserai une muette.

Maintenant, faut être honnête, il y a deux jours dans la semaine que j'attends avec impatience…

Je me souviens de la première fois comme de ma première prise de sang.

J'étais éveillé. Nous étions en début d'après-midi. Les stores avaient été baissés because le soleil. Marguerite dormait dans son coin. Je rêvassais, les yeux rivés sur le vide intersidéral d'un plafond blanc piqueté de crottes d'insectes.

J'attendais la visite d'une fille en blouse, quand la porte s'est ouverte. Il y a eu un silence. Puis la porte s'est refermée dans un grincement sardonique.

J'avais les chocottes parce que ce n'était pas comme d'habitude.

Quand les filles en blouse se radinent dans la chambre, elles se précipitent sur moi et commencent à me manipuler façon gigot d'agneau à Pâques. Mais cette fois-là, rien. Que dalle. Nada.

J'ai tout envisagé. Un rapt, par exemple. Vu que je suis le fils d'une mère qui habite à Neuilly, on allait me kidnapper et demander une rançon. Ou bien, c'était Jack l'éventreur de Granprémas. Ou encore, le directeur du cirque Ganglionne, qui venait faire sa provision de chair fraîche pour ses lions.

Bref, j'en menais pas large.

Soudain, une petite musique s'est faufilée jusqu'à moi. Chaque note entrait par une de mes oreilles, faisait le tour de ma cervelle et ressortait par l'autre oreille en laissant son empreinte légère sur la portée de mon cortex entorhinal.

Ça a duré quelques secondes, puis ce fut de nouveau le silence avant que des pas se rapprochent de ma couveuse. Des semelles de crêpe grinçaient sur le lino.

La musique avait adouci mes mœurs et je restais béat, bouche ouverte, drogué à la mélodie. Tout mon être en redemandait. J'étais stone.

J'ai senti une ombre boucher mon horizon plafonnier. Une chose s'est penchée sur moi. Elle était à moins de temps de moi qu'il n'en faut à un marmot pour vomir son quatre-heures lacté dans le cou de son père.

Un tuyau percé est apparu. Un souffle léger a fait vibrer le tuyau et une musique douce m'a ensorcelé. C'était bon comme sa première diarrhée quand on a mal au bide. La mélodie me transportait sur un petit nuage, m'y déposait et je fondais littéralement dans la ouate gazeuse.

Des doigts dansaient sur le tuyau, et derrière...

Eh bien derrière, il y avait un gros machin rouge immonde, comme un bouton enflammé. Mais je m'en balançais royalement. Pouvait bien percer, ce bouton, je m'en tamponnais le nombril.

Seule la musique me charmait et me captivait.

Jusqu'à ce que miss Marguerite vagisse et que la musique, comme happée par l'organe féminin, se déplace jusqu'à sa couveuse.

La descente. Le trip à l'envers.

J'étais furax. C'était signé. La minette me piquait ma fiole de bonheur.

Alors, j'ai poussé une grosse couleur pour qu'elle me rende mon dealer de musique au gros bouton rouge.

Eh ! Oh ! C'est pas un gros bouton rouge purulent... Y a eu gourance.

Bon, j'explique.

Il revient deux jours par semaine. Le mardi et le vendredi au calendrier de mon imagination fertile.

Parce que ça travaille là-dedans. Je suis peut-être qu'une cacahuète allongée dans un écrin relié à une machinerie qui calcule ma tension, ma température, mon humeur et me nourrit par sonde gastrique, façon canard gras, mais je ne suis pas un légume.

Je conçois le monde qui m'entoure. Je l'apprivoise. Je le refais à ma dimension. Je l'intuitionne. La preuve, on est au petit soin pour moi. Je cogite, donc j'existe. Qui c'est le roi ici ? C'est bibi !

Le musicien, le Zlatan Ibrahimovic de la flûte enchantée, celui qui me fait kiffer à fond les baskets, eh bien, c'est un clown – un Nérouge.

En vérité, c'est pas son nez au Nérouge. Je suis pas ballot au point de croire qu'il existe sur Terre un type avec un appendice en caoutchouc rubicond à la place du pif. Je suis peut-être un Granpréma, mais pas un Granbenêt.

En plus, sa bouche est cerclée de blanc et j'ai l'impression qu'il sourit tout le temps. Ça me fait un bien du tonnerre, cette bouche qui se marre quand elle se penche au-dessus de moi.

Ça me change de la binette de maman, quand elle est inquiète et qu'elle demande de mes nouvelles à une blouse blanche. Ou ça me console quand j'en peux plus de cette sonde dans mon estomac ou d'être ausculté sous toutes les coutures par le Professssssseur machin-chose et son équipe de verrues.

Si Nérouge ne venait plus, j'en aurais gros sur la patate chaude qui me sert de thermomètre émotionnel.

Nérouge, c'est comme mon pompier perso, mon fou du roi, ma pause bonheur.

Y a un sacré trafic ici. Entre moi et Marguerite, c'est la guerre des clans. À celui qui dealera avec Nérouge la plus grosse dose d'endorphine.

Dès que Nérouge entre, Marguerite et moi on joue les séducteurs.

Faut absolument qu'il sache qu'on est réveillés, sinon, adieu l'opium du cerveau, adieu l'*endogenous morphine*, adieu la molécule du bonheur.

Marguerite, elle a un truc bien à elle : elle reteteute. On dirait qu'elle bulle, mais en réalité tout est calculé. Charmeuse en diable, la vipère. Manigance et compagnie, la fillette.

De mon côté, je pétouille. Du genre qui fait rire. Oui, j'essaie de choper Nérouge par le rire. Un chapelet de pets pour le séduire (c'est pas machiavélique, ça ?), et qu'il vienne à moi distiller son sourire du bien-être et sa musique euphorique.

S'il hésite, je rote. Marguerite répond par un gazouillis. Je la contre par un cri de derrière les fagots, du style c'est moi le boss ici. Elle tente un gargouillis angélique.

C'est la guerre totale. Le Blitzkrieg. À celui ou celle qui, avant l'autre, capturera Nérouge dans ses filets.

Mais faut croire qu'il est d'origine suisse, le boute-en-train, parce qu'il a vite fait d'être neutre et de passer de

Marguerite à moi et de moi à elle pour nous injecter à doses égales des petits coups d'endorphine dans le cervelet.

Rhaaa Lovely !

Quand maman et papa m'ont pris dans leurs bras et que nous sommes partis de l'hôpital, j'étais un garçon complet. Rien ne manquait. Pas un cheveu, pas un organe, pas une gencive. Nickel chrome le bambin.

Ils m'ont mis dans une bagnole hyper confortable, et on a roulé jusqu'à la maison.

Avec moi, sans qu'ils le sachent, j'emportais Nérouge dans mon cœur. Son sourire impérissable et son nez singulier, sa musique enchanteresse et sa chaleur humaine.

J'avais aussi un but secret pour l'avenir : retrouver Marguerite et en faire ma fleur des prés pour la vie.

Mais c'est une autre histoire…

# Gros couillu et petite fille stupide

Marie Nimier

Ce tuyau qui sortait de ma poitrine, ma copine, elle a pas supporté. Je lui ai montré les aphtes, tout autour de ma langue, on dirait un bras de poulpe, tu trouves pas ?

Elle a viré au blanc.

La porte de ma chambre était ouverte, un médecin est passé dans le couloir, une glacière à la main.

Il part pas en pique-nique, j'ai expliqué, il va chercher de la moelle épinière.

Elle a porté sa main à sa bouche, comme si elle allait gerber.

Et puis j'ai raconté qu'avant le début des traitements, on m'avait congelé du sperme. J'ai dit que j'avais pensé à elle en me… enfin tu vois, mais c'était pas vrai. J'avais pensé à l'infirmière, celle avec la grande bouche et le piercing.

Et pourquoi qu'ils t'ont congelé le sperme ? elle m'a demandé.

Pour assurer ma descendance. Des fois que la chimio et les rayons me rendraient stérile. Le médecin se voulait rassurant : c'est rarissime mais bon, autant prendre ses précautions.

Si ça se trouve, j'ai continué, je serai père sans avoir fait l'amour. Un peu comme la Sainte Vierge, mais à l'envers.

À l'envers ? elle a répété, de plus en plus exténuée.

L'infirmière est entrée à ce moment-là. Elle a vérifié les branchements, une pichenette sur le tuyau, ça coulait comme elle voulait.

Ma copine a regardé l'heure sur son portable. Elle devait partir. Je suis sûr qu'elle aurait pu rester, c'était juste qu'elle avait atteint ses limites. Je lui ai demandé de ne plus venir me voir à l'hôpital. Oui, sincèrement, je préférais. Elle a eu l'air soulagée.

Toute façon, ça aurait craqué un jour ou l'autre entre nous, alors autant que ce soit maintenant. Économie d'explications, affaire classée. La maladie, c'est la galère, mais parfois ça a du bon. Ça permet d'être au clair avec les autres. Pas de temps à perdre.

Le grincement des roues des chariots. Le couinement des chaussures en plastique. Dehors, les sirènes.

Les potes, les parents, tous ceux qui visitent, je ne sais pas d'où ça leur vient, ce timbre compatissant, ce sourire crispé, ils marchent sur des œufs, n'osent pas approcher, et j'ai envie de hurler Je suis pas contagieux, merde !

Petites voix qui puent l'angoisse : Ça va ?

Ben non ça va pas, vous voyez pas ça, que ça va pas ? Vous êtes bigleux, ma parole !

Yeux enfoncés dans les orbites, peau grise, marques bleues à l'endroit des rayons, plaques violacées, ils croient peut-être que je ne sais pas à quoi je ressemble ?

La nuit, on me propose un truc pour dormir, mais je ne le prends pas. Il y a une veilleuse, j'aime bien, c'est calme enfin. Je regarde le plafond, ça fait passer le temps. J'imagine mon enterrement, tous les potes, la famille et le tralala, ça donne envie d'être là, avec eux, et de me pleurer. Quel chic type j'étais, quand même. Généreux, drôle, irremplaçable. Oui, vraiment, un chic type.

Ma mère m'a apporté ma trousse de toilette, la perso, celle avec les étoiles dessus. Je peux faire ma toilette tout seul maintenant. Ce matin, j'ai mis de l'after-shave. J'aimerais pouvoir m'effacer, effacer l'odeur de la maladie, et c'est l'odeur de la maison qui me saute au visage.

L'odeur de la cuisine, quand mon père prend son café avant de partir travailler. Il parle pas le matin, jamais. Ça m'arrange, au fond. On n'a rien à se dire, c'est pas nouveau.

Quelqu'un frappe.

Ça toque et retoque, je réponds pas. Je les emmerde. Peuvent pas me foutre la paix cinq minutes ?

La porte s'entrouvre.

C'est quoi ce délire ?

Elle, nez rouge, couettes qui dépassent d'un fichu. Chaussures à talons compensés. Jambes emballées dans tel collant à rayures. Blouse décorée, genre mamie qui se lâche sur les travaux manuels. Elle me regarde d'un air étonné, comme si elle ne s'attendait pas à voir le lit occupé.

Renifle, truffe en l'air. Elle doit trouver que j'en ai mis trop. Si elle me demande la marque de mon after-shave, je pète un câble.

Elle ne me demande rien. Enlève son nez rouge, le sent comme on sent une rose, fait la grimace. L'agite, le secoue, comme pour l'aérer. Le replace sur son visage en faisant claquer l'élastique. Consulte la feuille accrochée au pied de mon lit, prononce des chiffres, les additionne en comptant sur ses doigts, langue tirée – mais quoi, qu'est-ce que tu fais petite fille stupide, des statistiques ?

Elle a l'air embarrassée, se tourne vers la porte, appelle quelqu'un qui entre à son tour dans la pièce.

Lui, visage rond, genre Debbouze en plus macho. Nez rouge également. Poulaines qui rebiquent, protège-couilles et short long en velours. Jambes super poilues. Une seringue à bestiaux pointée sur sa partenaire.

Haut les mains, c'est un hold-up !

Petite fille stupide lâche un cri, glousse, se dandine.

C'était pour rire, précise-t-il en faisant coulisser le piston de la seringue.

Ah, ah. Très drôle.

Il se dirige vers la salle de bains, en ressort avec la seringue remplie d'eau dans une main, mon pot de gel dans l'autre.

Si tu l'ouvres, je fais mentalement, t'es mort.

Il propose à sa partenaire de la coiffer, parce que franchement, ses cheveux, c'est un peu n'importe quoi, et la voilà assise sur la chaise des visiteurs. D'un coup, le contenu de la seringue gicle sur la tête de la fille. Elle se rétracte, menton dans les épaules, façon escargot.

L'eau dégouline sur son front, elle s'essuie comme elle peut et se laisse coiffer en grimaçant quand ça tire.

Ils sont chez eux, font comme si je n'étais pas là.

Et soudain, voix commerciale : Et pour Monsieur, ce sera quoi ? Une petite coupe ?

Quel con, je vais lui faire bouffer son nez rouge, merde. Ça se voit, quand même, que j'ai plus de cheveux.

Oh, sorry, lâche-t-il, comme s'il venait seulement de s'en rendre compte.

Pardon, pardon, pardon, répète la fille en se tordant les mains. Elle se met à genoux.

Commence à prier en marmonnant des onomatopées. Lui est debout à côté d'elle, bras levés, il implore le ciel, mais chaque fois qu'il monte les bras, sa blouse s'ouvre, laissant apparaître son protège-couilles qu'il remet en place d'un geste vif. Il marmonne lui aussi, mais en écoutant mieux, je comprends qu'il récite la recette du civet de lapin. Et plus la recette avance, plus il semble saliver. Ses yeux pétillent, son appétit est contagieux.

Je les regarde, toujours impassible. Ce n'est pas facile, mais je tiens.

J'ai envie de leur tourner le dos – non, je ne vais pas leur faire ce plaisir.

Je les fixe.

Je les déshabille du regard, et la fille change d'attitude. Elle semble avoir peur de moi soudain, enfin elle joue à celle qui a peur de moi, se lève, rase les murs. Son partenaire lui ordonne de revenir s'asseoir, si elle ne revient pas tout de suite, ça va barder. Il se lève, rugit. Elle s'enferme dans le placard.

Gros couillu semble perdu, ce n'est plus qu'un tout petit garçon déguisé en clown. Sans toi, dit-il, je ne suis rien. Reviens ma fleur, ma chérie, mon oiseau des îles. Il la supplie de sortir du placard, on jouera de la musique ensemble, et le monde sera plus beau.

De la musique ? Elle fait promettre qu'il ne lui balancera plus d'eau sur la tête, il promet, alors elle sort du placard et se plante face à lui, un peu trop près.

Rap à fromage, annonce-t-elle d'une voix bien timbrée. Trois, quatre…

La voilà qui entonne *Papaouté* de Stromaé, version gondoles à Venise, l'air gogol, mais alors gogol de chez gogol, à ce point-là de gogolerie je dois serrer les lèvres pour ne pas craquer.

*Papaouté*, la chanson préférée de ma mère.

Lui aussi chante, en marquant le rythme avec ses sourcils. Il lève le droit, puis le gauche, puis les deux. Fortiche.

Papa où t'es, papa, papa où t'es, clap de fin, la chanson se termine sur un double trémolo qui n'en finit pas. Ils se saluent l'un l'autre, la main sur le cœur, se congratulent mutuellement, et c'est reparti pour un tour. Quand elle se baisse pour saluer, un pet sonore retentit.

Il fait semblant de s'en offusquer.

Re-salut. Re-pet.

Elle plonge sa main dans son soutien-gorge et en sort un cornichon péteur.

Elle me le tend. Je ne bouge pas. Elle ne m'aura pas. Le bide total.

Silence. Gros couillu semble réfléchir.

Tu n'as qu'un mot à dire, dit-il enfin, et on sort.

Je ne dis pas le mot.

Un mot, implore la fille stupide. Pet.

Je reste obstinément muet. Mon regard le plus noir. Ne rien lâcher.

Ils disent : T'as qu'un doigt à lever, et on se tire, tu ne nous reverras plus jamais, c'est promis.

Pet.

Je ne lève pas le doigt. Cligne le moins possible des yeux. Je me sens investi d'un pouvoir immense : celui d'anéantir les clowns. De les achever. De les emprisonner par mon silence.

Pas question qu'ils sortent, qu'ils me laissent tranquille. Ils vont voir ce que c'est, que de rester toute la journée dans cette chambre pourrie.

Ça durera ce que ça durera, la guerre est déclarée.

Moi, allongé, immobile. Leurs deux nez rouges comme deux points flottant dans l'espace.

Ça dure, quoi ? Une, deux minutes ? Une éternité.

Gros couillu se racle la gorge, mais c'est petite fille stupide qui prend la parole. Sa voix est douce, sans affectation.

Tu es en colère ? Moi aussi je le serais à ta place.

Ma gorge se serre d'un coup, j'ai envie de pleurer. Les paroles de la chanson de Stromaé se répètent en boucle, je m'y suspends. Où t'es, papa où t'es ? Tout le monde sait comment on fait les bébés, mais personne sait comment on fait des papas… Je me revois dans la petite pièce en train de me branler. J'ai envie que la petite clown me prenne dans ses bras, et qu'on reste comme ça, longtemps. Je n'ai plus envie d'aller à mon enterrement.

Elle est jolie, sous le nez rouge. Elle fait tout pour s'enlaidir, mais elle est jolie.

Belle, même, avec ses grands yeux verts trop maquillés.

Ils me font un signe de la main en partant. Je ne bouge pas.

J'ai gagné.

La semaine suivante, on me transfère dans un centre plus près de chez moi, pour que je me retape. Et puis je sors du cocon. Tout semble grand, dehors, presque trop. Mes cheveux repoussent, ils n'ont jamais été aussi drus.

Des années passent. Moi aussi je grandis, je prends quinze centimètres.

J'ai seize, dix-huit, vingt et un ans. Mon père change de boulot, ça va mieux tous les deux. Il m'arrive de ne plus penser à la maladie, mais les clowns, j'y repense souvent. Je les revois sortir de la chambre d'hôpital, grand couillu et petite fille stupide se tenant par la main. Calmement, doucement. C'était la première fois qu'ils venaient jouer dans le service, j'ai peur qu'ils en gardent un mauvais souvenir. J'aimerais leur dire que le petit con à l'odeur d'after-shave, celui qui les a regardés jouer sans desserrer les dents, est sorti d'affaire, comme dit sa maman.

Qu'il a une nouvelle copine.

J'aimerais leur dire que si l'on doit faire un enfant, eh bien, on n'aura pas besoin de passer à la banque.

J'aimerais leur dire qu'ils m'ont fait du bien. Parce qu'ils ont parlé à voix haute. Parce qu'ils ne m'ont pas traité comme un objet fragile. Qu'ils ne se sont pas inquiétés pour moi.

Et en faisant tout ça, ils m'ont dit que j'étais fort. Que je pouvais gagner. Et j'ai gagné, contre eux, d'abord. Puis contre la maladie.

Cette maladie qu'ils ont traitée comme si elle n'était pas moi.

# Mort de rire

Mikaël Ollivier

Coralie était dans un mauvais jour. Ça lui arrivait, à intervalles réguliers, quand elle avait épuisé sa réserve de pensées positives et que, pour recharger les batteries, elle avait besoin de s'octroyer vingt-quatre heures d'auto-apitoiement, de s'autoriser à se dire « pourquoi moi » et d'en vouloir à la Terre entière. À la Terre entière et à Julie en particulier.

Coralie adorait Julie la plupart du temps, sauf dans ses jours sans, une ou deux fois par mois grand maximum. Là, elle maudissait sa sœur jumelle parce qu'elle avait les cheveux longs jusqu'aux fesses, qu'elle nageait comme une déesse, aurait son bac S avec mention à la fin de l'année et n'était plus vierge depuis l'été dernier.

On venait de la réveiller d'une sieste sans rêve, profonde et abrutissante.

– Ça va commencer, avait murmuré la jeune aide-soignante dont elle ne retenait jamais le prénom.

Depuis qu'elle était malade, Coralie détestait se réveiller. Chaque fois, sans faute, elle avait oublié son état pendant le sommeil. Elle avait donc le droit à une ou deux secondes d'insouciance avant de se reprendre la réalité en pleine face. Chaque réveil était une déception.

Elle avait vraiment espéré pouvoir sortir pour Noël. Hier, quand, en présence de ses parents, le médecin avait annoncé qu'il préférait la garder sous surveillance, elle avait difficilement réussi à retenir ses larmes.

Elle s'en voulait de s'être fait prendre une fois encore au piège ordinaire de l'espoir et de l'impatience. Elle savait pourtant très bien qu'ici, à l'hôpital, il n'y avait rien à attendre d'une journée ni de son lendemain. Elle y était tributaire du rythme lénifiant de la maladie et de son traitement, et devait s'y abandonner sans résistance, en s'interdisant tous les petits élans qui faisaient la vie à l'extérieur.

Ici, le moindre plaisir ou désir se payait au prix fort.

Au réveil ce matin, son désarroi s'était transformé en colère, et elle comptait bien faire payer toutes les personnes qui croiseraient son chemin.

À commencer par Julie qui, comme chaque jour sans faute depuis qu'elle était hospitalisée, lui avait envoyé un SMS de bonjour auquel elle n'avait pas répondu. Bien sûr inquiète, Julie avait tenté un nouveau message cinq minutes plus tard: «Ça va?» Puis: «Keski s'passe?» Elle avait fini par appeler, mais Coralie n'avait pas décroché, adressant à sa sœur un SMS vide.

Julie n'avait pas insisté. À force, elle s'était habituée aux mauvais jours de sa jumelle, et ne lui en voulait jamais.

Depuis qu'elle était malade, plus personne ne lui reprochait quoi que ce soit et ne lui en voulait de rien même si elle se comportait en vraie salope. Elle rêvait d'une bonne engueulade, que son père la remette à sa place de la même façon qu'avant, que sa mère prenne son air exaspéré quand elle lui parlait mal et que sa sœur lui tire les cheveux en la traitant de pétasse comme quand elles se disputaient pour la place dans la salle de bains ou des histoires de mecs.

Désormais, tout le monde était horriblement gentil et patient avec elle, et ça lui fichait une peur bleue.

Il n'y avait plus que France, l'une des infirmières, pour lui parler normalement. Pas plus tard que ce matin, quand elle était entrée dans la chambre pour lui faire une prise de sang et avait constaté qu'elle n'avait pas touché à son petit déjeuner, elle lui avait lancé:

– Ah! Mademoiselle a décidé de se gâcher Noël?

Coralie avait haussé les épaules, marmonnant un «Rien à foutre de Noël!» que France avait parfaitement entendu.

– Noël à l'hôpital, c'est sûr qu'il y a mieux! Mais n'empêche que l'hôpital le jour de Noël, c'est mieux qu'un autre jour.

Elle avait piqué le bras de Coralie dont l'intérieur, à force, n'était plus qu'un grand bleu, puis s'était éloignée en lui souhaitant « Joyeuse bouderie ».

– Mort de rire ! avait lancé Coralie qui aimait beaucoup France mais n'en aurait pas moins voulu, sur le moment, lui balancer son plateau de petit déjeuner à la figure.

À midi, il y avait eu une petite bûchette au chocolat pour le dessert mais Coralie n'avait même pas dû se retenir d'y toucher car son odeur lui avait donné la nausée. Elle avait mal au cœur en permanence, comme si sa chambre était une cabine de bateau, et en même temps, quand elle quittait son lit, étourdie par la station debout et les jambes molles, elle tanguait un moment tel un marin débarqué à terre après une longue croisière.

Elle ne se sentait à peu près bien qu'en position allongée, et encore, si elle faisait abstraction des fourmillements dans les pieds et dans les mains. En conséquence de quoi elle passait son temps à dormir, presque autant que Max, son chien, qui était pourtant un champion dans le domaine.

Nadia ! C'était Nadia, le prénom de la jeune aide-soignante qui venait de la tirer de sa sieste en lui disant que « ça » allait commencer.

« Ça », c'était les « festivités » de Noël. Un spectacle dans une salle de réunion du premier étage aménagée pour l'occasion, suivie par un goûter dans le hall d'accueil. Ensuite, à 18 h 30, ses parents et sa sœur arriveraient pour réveillonner dans sa chambre comme ils en avaient exceptionnellement obtenu l'autorisation.

Encore engourdie de sommeil, Coralie sentit un frémissement joyeux la traverser à l'idée de ce programme avant de se souvenir qu'elle était censée faire la tête depuis le matin.

Elle poussa un long soupir pour se remettre dans l'ambiance : qu'ils ne comptent pas sur elle pour s'amuser, se réjouir, oublier où elle était et pourquoi elle y était !

« La magie de Noël », ils pouvaient tous se la mettre au cul.

Pourtant, après un court instant de réflexion, elle se leva. Elle aurait pu, bien sûr, ne pas assister au spectacle et rester dans son lit. Mais à quoi bon bouder s'il n'y a personne pour en être témoin ?

Elle fit un rapide tour aux toilettes sans allumer la lumière pour ne pas croiser son reflet dans le miroir au-dessus du lavabo – depuis qu'elle avait perdu ses cheveux il lui arrivait de rêver que sa mère les lui brossait en comptant jusqu'à cent comme quand elle était petite –, puis marcha laborieusement jusqu'aux ascenseurs avec Bill, le pied à perfusion à roulettes qui l'accompagnait partout.

La salle de réunion, décorée de guirlandes, d'étoiles et de boules de toutes les couleurs était déjà pleine de monde. L'idée de la direction était de mélanger les générations de malades pour fêter Noël, à savoir le deuxième étage, réservé aux enfants et aux adolescents, et le troisième où étaient soignés les vieux. Ils appelaient ça du « lien transgénérationnel », soi-disant bon pour le moral de tous. Coralie ne voyait pas comment la vision de cette brochette de momies perfusées pourrait être bonne pour son moral ! À moins que ce ne soit pour la consoler d'avoir seulement vingt pour cent de chance de guérir et de devenir vieille un jour !

Coralie, dans ses phases bimensuelles de mauvaise humeur et de découragement, était devenue championne toutes catégories d'un humour noir dont elle était souvent la première cible.

Elle s'installa sur une chaise pliante du dernier rang. À sa gauche se trouvait un homme qu'elle avait déjà croisé plusieurs fois dans les couloirs, qui devait avoir au moins deux cent cinquante ans et qu'elle avait baptisé Imhotep tellement il était ridé et maigre, sa peau fine tendue sur ses os à la façon d'un parchemin. À sa droite était assise une femme chez qui le seul signe de vie apparent était l'écoulement goutte à goutte dans le cathéter de sa perfusion.

Coralie eut un frisson d'effroi et se fit la réflexion qu'à ce stade-là, il ne s'agissait plus de « lien transgénérationnel » mais carrément de spiritisme.

La lumière s'atténua dans la salle, à l'exception d'un projecteur dirigé vers la scène improvisée sur laquelle les deux clowns firent leur apparition sous les applaudissements cacochymes.

Coralie les connaissait bien. Steph et Fanny, un frère et une sœur qui venaient deux fois par mois pour faire leurs numéros à l'étage des enfants et des ados.

Au début, elle avait trouvé cette histoire de «rire médecin» complètement conne, à peine bonne pour les gamins. Mais elle avait rapidement été obligée d'admettre que Steph et Fanny (ce qui donnait «Stéphanie», elle avait mis plusieurs semaines avant de le comprendre), étaient très drôles, impertinents à la façon des fous du roi dans les films sur le Moyen Âge, se moquant autant d'eux-mêmes que des médecins et des malades. À l'inverse de tous les moments d'abandon ou de plaisir à l'hôpital qui rendaient le reste du temps plus difficile encore, la visite des clowns lui faisait durablement du bien. Sur le moment, parce qu'elle la distrayait et la faisait rire, mais aussi les jours suivants, quand elle y repensait, sous la forme d'une petite zone de chaleur joyeuse au creux du ventre.

France lui avait expliqué que le rire, outre le simple moment de plaisir et d'oubli qu'il procure, dégage dans le corps des endorphines, substances compliquées auxquelles elle n'avait rien compris sinon qu'elles permettent, entre autres, d'augmenter la tolérance à la douleur.

Steph et Fanny étaient en forme, et Coralie comprit dès leur entrée en scène qu'il allait être très difficile de tenir bon et de s'empêcher de rire.

Il y avait toujours peu de dialogues dans leurs numéros, seulement quelques mots venant ponctuer une gestuelle burlesque et poétique à la fois. Fanny, surtout, impressionnait Coralie tant par l'élasticité de son visage, qui restait beau malgré une collection de grimaces stupéfiantes, que par le mélange de puissance et de légèreté de son corps. Elle dansait, tombait, roulait, faisait le grand écart... Elle savait aussi jouer de la flûte, de la trompette, du ukulélé, et sifflait mieux qu'un rossignol. Au point que Coralie, dans ses bons jours, quand elle parvenait à se persuader qu'elle allait guérir et retrouver la vie devant elle, nourrissait le projet, après son bac, de faire une école du cirque. Elle s'était d'ailleurs empressée d'en parler à ses parents, sachant qu'ils ne pouvaient rien lui refuser tant ils avaient peur qu'elle ne fête jamais sa majorité.

Le public riait, applaudissait, s'exclamait... Steph et Fanny faisaient un tabac, et Coralie serrait les dents.

Elle en avait mal au ventre à force de se retenir. Sentant que ses lèvres étaient sur le point de s'étirer malgré elle en un large sourire, elle détourna les yeux de la scène et se mit à observer les spectateurs, les plus jeunes enfants dans les premiers rangs, dont on percevait la joie même de dos, puis les quelques adolescents mélangés aux vieilles et aux vieux, tout le monde en blouse et en chaussons. Tout le monde hilare.

France, l'infirmière, était debout contre un mur, un grand sourire aux lèvres. Ses yeux allaient de la scène aux malades et rencontrèrent ceux de Coralie qui croisa aussitôt les bras d'un air revêche. L'infirmière eut un très léger sourire qui fit craindre à l'adolescente d'avoir été démasquée.

Non loin, également adossé, se trouvait le chef du service «enfants malades», puis Damien, le jeune interne beau comme un dieu dont Coralie était amoureuse en secret depuis le lendemain de son arrivée dans le service.

Sans même regarder la scène, Coralie reconnut, au son, un sketch que Steph et Fanny avait déjà joué devant elle et dont le souvenir suffit à la faire pouffer. Elle parvint *in extremis* à se retenir, transformant cette bouffée de rire surprise en toux fictive, portant sa main devant sa bouche comme si elle avait un chat dans la gorge.

Puis elle se contraignit à regarder le carrelage à ses pieds et à penser à quelque chose de triste. Les sujets ne manquaient pas et, pourtant, elle ne parvenait à se fixer sur aucun.

C'est alors qu'un drôle de gargouillis attira son attention sur la gauche.

C'était Imhotep, son voisin, agité de soubresauts et les yeux baignés de larmes. Il riait, du mieux que le lui permettait son corps épuisé par la maladie et par les années. Sa bouche édentée et grande ouverte émettait d'infects borborygmes et ses accès de joie le secouaient des pieds à la tête.

Aussi dégoûtée que fascinée, Coralie se mit à l'observer et constata que chaque fois que le vieillard jetait sa tête en arrière sous un nouvel assaut d'hilarité, il devenait un peu plus rouge. Il se mit à tousser, cette fois écarlate, et Coralie ne put bientôt plus distinguer le rire de la toux, les éclats des quintes.

Fanny mit un coup de pied aux fesses à Steph qui s'étala de tout son long sur la scène, sa sœur lui sautant dessus les bras levés en signe de victoire. Toute la salle partit dans un grand éclat de rire et Imhotep lança sa tête en arrière.

Coralie resta un instant sans réaction, puis elle fronça les sourcils. Elle tendit la main vers le vieil homme et lui toucha prudemment l'épaule.

– Hé !... Monsieur ! Ça va, monsieur ?

Il ne bougeait plus, la tête restée en arrière, la bouche ouverte. Elle le secoua un peu plus fort et sursauta quand sa tête retomba lourdement en avant, le menton dans la poitrine.

Stupéfaite, Coralie regarda autour d'elle. Tout le monde était absorbé par le spectacle. Personne n'avait remarqué que le vieil homme était mort.

– Mort de rire ? murmura-t-elle. Putain... Mort de rire ! Oh putain !...

Elle sentit une première secousse naître dans son ventre puis une autre, et une autre encore qui montèrent dans sa poitrine, agitèrent ses épaules, tendirent les muscles de son cou, étirèrent ses lèvres, plissèrent ses yeux jusqu'à les baigner de larmes. Elle se mit à glousser irrépressiblement, cacha sa bouche dans ses mains pour tenter d'étouffer la vague qui la submergeait… En vain.

Coralie capitula, soulagée d'éclater enfin de rire.

# Le Rire Médecin

En France, un enfant sur deux est hospitalisé avant l'âge de quinze ans. Pour ces enfants et leurs parents, un séjour à l'hôpital ou une simple visite est souvent synonyme d'angoisse, de solitude et de détresse. L'intuition qui a présidé au lancement du Rire Médecin était qu'en faisant s'exprimer l'enfant hospitalisé, en le faisant participer ludiquement, en l'impliquant dans une mini-aventure improvisée, en l'emmenant dans un monde imaginaire, le clown allait lui permettre de continuer d'exister en tant qu'enfant et de se développer. Par le jeu, la stimulation de l'imaginaire, la mise en scène des émotions, la parodie des pouvoirs, les nez rouges du Rire Médecin permettent à l'enfant de rejoindre son monde, de s'y ressourcer. Le pari est que, s'il n'est certainement pas un thérapeute, le clown à l'hôpital a des vertus thérapeutiques ; que s'il ne soigne pas, il pourrait bien être lui-même une sorte de remède, une pilule du bonheur. En 2016, les 100 clowns hospitaliers de l'association interviennent toute l'année dans 15 hôpitaux en France et offrent aux enfants hospitalisés plus de 72 000 parenthèses enchantées. À l'occasion de ses 25 ans, Le Rire Médecin met plus que jamais l'enfant au centre de la parenthèse enchantée au travers de 10 nouvelles généreusement orchestrées par les Éditions Thierry Magnier. Pour que toujours plus d'enfants bénéficient de la présence des clowns, faites un don sur : www.leriremedecin.org et rejoignez-nous sur les réseaux sociaux. Merci !

# Table des matières

Cet ouvrage a été achevé d'imprimer avec un nez rouge
pour le compte des éditions Thierry Magnier
par l'Imprimerie Floch à Mayenne en août 2016
Dépôt légal : septembre 2016
N° d'impression : 89974

Imprimé en France